Varejo digital 5.0:
o mundo agora é outro

Varejo digital 5.0:
o mundo agora é outro

Elizeu Barroso Alves
Shirlei Miranda Camargo
Vívian Ariane Barausse de Moura

Rua Clara Vendramin, 58 . Mossunguê
CEP 81200-170 . Curitiba . PR . Brasil
Fone: (41) 2106-4170
www.intersaberes.com
editora@intersaberes.com

Conselho editorial
Dr. Alexandre Coutinho Pagliarini
Drª. Elena Godoy
Dr. Neri dos Santos
Dr. Ulf Gregor Baranow

Editora-chefe
Lindsay Azambuja

Gerente editorial
Ariadne Nunes Wenger

Assistente editorial
Daniela Viroli Pereira Pinto

Preparação de originais
Ana Maria Ziccardi

Revisão de texto
Letra & Língua Ltda. - ME
Caroline Rabelo Gomes

Capa
Iná Trigo (*design*)
davooda/Shutterstock (imagem)

Projeto gráfico
Bruno Palma e Silva

Diagramação
Fabio Vinicius da Silva

Designer responsável
Iná Trigo

Iconografia
Sandra Lopis
Regina Claudia Cruz Prestes

Dados Internacionais de Catalogação na Publicação (CIP)
(Câmara Brasileira do Livro, SP, Brasil)

Alves, Elizeu Barroso
    Varejo digital 5.0: o mundo agora é outro/Elizeu Barroso Alves, Shirlei Miranda de Camargo, Vívian Ariane Barausse de Moura. Curitiba, PR: InterSaberes, 2022.

    Bibliografia.
    ISBN 978-65-5517-248-5

    1. Comércio eletrônico – Planejamento 2. Comércio varejista 3. Internet 4. Plataforma digital 5. Redes sociais on-line I. Camargo, Shirlei Miranda de. II. Moura, Vívian Ariane Barausse de. III. Título.

22-99372   CDD-658.84

Índices para catálogo sistemático:
1. Varejo digital 5.0: E-commerce: Marketing: Planejamento: Administração   658.84

    Eliete Marques da Silva – Bibliotecária – CRB-8/9380

Foi feito depósito legal.

1.ª edição, 2022.

Informamos que é de inteira responsabilidade dos autores a emissão de conceitos.

Nenhuma parte desta publicação poderá ser reproduzida por qualquer meio ou forma sem a prévia autorização da Editora InterSaberes.

A violação dos direitos autorais é crime estabelecido na Lei n. 9.610/1998 e punido pelo art. 184 do Código Penal.

sumário

1

Fundamentos do varejo digital, 17

apresentação, 13

1.1 O que é o varejo digital?, 18

1.2 Diferenças entre o varejo físico e o varejo digital, 21

1.3 O varejo físico no novo contexto digital, 25

1.4 A importância da tecnologia, 27

1.5 O varejo 4.0, 31

2
Comércio on-line e experiência de consumo, 37

2.1 Cenário do comércio on-line, 38

2.2 A experiência do consumo, 41

2.3 A importância da personalização, 45

2.4 Canais de venda, 48

2.5 *Marketplace*, 50

3
Conhecendo algumas especificidades do varejo digital, 55

3.1 Principais segmentos do varejo digital, 56

3.2 A jornada de compras, 59

3.3 Estratégias de vendas, 65

3.4 Formas de atenuar a ruptura entre o varejo físico e o digital, 68

3.5 Maneiras de promover novos produtos e serviços no varejo digital, 72

4
Introdução às tecnologias para o varejo digital, 77

4.1 *Omnichannel*, 78

4.2 Internet das coisas, 84

4.3 A internet das coisas na expansão do comércio eletrônico, 88

4.4 O que considerar antes de aplicar IoT ao seu negócio de comércio eletrônico, 92

4.5 Gôndola virtual, 93

4.6 *Beacon technology*, 98

4.7 *Heatmap*, 103

5
Os consumidores digitais, 109

5.1 Características dos clientes do varejo digital, 110

5.2 As gerações de consumidores, 115

5.3 Novos modelos de comportamento, de estilo de vida e de consumo, 117

5.4 A comunicação com o cliente no varejo digital, 120

5.5 *Marketing* no mercado digital, 121

6
Pagamentos, segurança e tendências, 127

6.1 Lei Geral de Proteção aos Dados, 128

6.2 Pagamento, 133

6.3 Segurança, 139

6.4 Código de Defesa do Consumidor aplicado ao varejo *on-line*, 144

6.5 Tendências para o varejo *on-line*, 146

considerações finais, 151

lista de siglas, 153

referências, 155

sobre os autores, 165

Elizeu Barroso Alves

A Deus, por estar conduzindo meus passos de maneira justa e perfeita.

À minha mãe, Dona Maria.

À minha esposa, Fernanda, com muito amor, por ser minha parceira por mais de uma década e, sem dúvida, minha maior fonte de inspiração.

Aos meus filhos, Arthur e Eloise, por serem os grandes fomentadores dos meus passos e o direcionamento de minha vida.

Ao Centro Universitário Internacional Uninter, nas figuras do Magnífico Reitor Benhur Etelberto Gaio, do Vice-Reitor Jorge Luiz Bernardi e do diretor da Escola Superior de Gestão, Comunicação e Negócios Elton Ivan Schneider, por ser o berço de minha jornada acadêmica.

Ao Prosup-Capes, pelo apoio na realização de meu doutoramento.

Ao pessoal da Editora InterSaberes, Lindsay, Ariadne e Daniela, por todo o suporte para a realização desta obra.

Ao meu primo Willian Barroso, que, prematuramente, nos deixou e do qual sentimos imensa saudade.

Aos meus alunos, que são sempre o foco de meu trabalho!

Shirlei Miranda Camargo

Agradeço a Deus, pois, sem Ele, eu nem estaria aqui escrevendo estas palavras. Depois, agradeço aos meus pais, Miria Furman e Joel Miranda Camargo, que sempre me apoiaram e incentivaram. Também agradeço imensamente ao meu esposo, Cassiano Lemanski de Paiva, e aos meus filhos, Luiza e Thiago, pela paciência com esta mãe/esposa que eles, desde sempre, acostumaram-se a ver com um *notebook* embaixo do braço, sempre dizendo: Já vou, só falta um pouquinho!

Ainda, quero agradecer à minha orientadora/amiga, Ana Maria Machado Toaldo, pelo auxílio na minha formação como doutora e pesquisadora em *marketing* e aos tantos familiares e amigos que me ajudaram academica ou profissionalmente, os quais, por motivo de espaço, é impossível citar.

Contudo, represento-os por meio das minhas amigas Kelly Rodrigues, Jana Seguin, Juliana Noschang da Costa, Maria Carolina Avis (minha consultora/amiga de *marketing* digital) e Pollyanna Gondin, mulheres poderosas, batalhadoras, que moram no meu coração!

Por fim, mas não menos importante, aos coautores desta obra, Elizeu e Vívian, que, de colegas de trabalho, transformaram-se em parceiros e amigos.

Vívian Ariane Barausse de Moura

Querido leitor, espero que, ao ler esta obra, despertem em você os mesmos sentimentos que eu tive ao escrevê-la, pois ler, pesquisar e me atualizar sobre o varejo digital para, então, escrever esta obra foi muito prazeroso. Agradeço a Deus, acima de tudo, por ter me direcionado neste caminho, pelas oportunidades e pelas pessoas espetaculares da minha vida. Agradeço, com carinho e admiração, aos meus amigos e companheiros de trabalho Elizeu e Shirlei, pessoas admiráveis e profissionais extremamente competentes, cujo companheirismo possibilitou o privilégio de escrever esta obra. Agradeço aos meus familiares, por todo o suporte e por entenderem os períodos de ausência; em especial, ao meu amor, Manoel, por seu companheirismo e apoio. Não posso deixar de citar nosso fiel companheiro Whisky (nosso cachorro), que deixa tudo mais divertido e alegre. Sou muito grata aos meus pais, Vilma e Welci; aos meus irmãos, Pedro e Wagner; à tia Célia e à família que a vida me presenteou: Maria José, Edson, Maria Aparecida e Maria Clara, todos vocês fazem parte da minha base e sem vocês nada seria possível. Sou muito grata a todas as pessoas que auxiliaram no meu desenvolvimento acadêmico e profissional, as quais, por motivo de espaço, é impossível citar aqui. Contudo, represento-as por meio de uma pessoa especial que auxiliou diretamente no meu crescimento acadêmico e pessoal, minha orientadora e amiga Letícia.

apre-senta-ção

No princípio, o varejo estava voltado unicamente à venda de produtos em um mercado amplo, com poucos concorrentes e com uma diferenciação mínima entre os produtos/serviços; esse era o varejo 1.0. Depois, em um movimento de transformação denominado *varejo 2.0*, o foco se voltou para a satisfação e a retenção dos consumidores em um mercado com franco crescimento da concorrência. Nesse momento, já se iniciavam os primeiros programas de fidelização.

Com o avanço da era da informação, o chamado varejo 3.0 se volta à experiência de compra, trazendo a personalização como diferencial, o que rapidamente se transformou no varejo 4.0, cujo foco se deslocou para a criação de valor centrado na inovação, na cocriação e no *omnichannel* de hiperconexão.

Nossa proposta, nesta obra, é abordar o varejo 5.0 e apresentar ao leitor toda a transformação digital que vem ocorrendo no varejo nos últimos anos, principalmente em razão dos aspectos tecnológicos e dos novos modelos de negócios, que tornam o mundo cada vez mais digital. Sim, o mundo agora é outro. Não há dúvidas de que o segmento do varejo digital é um dos que mais cresce em nosso país. Algumas explicações para esse crescimento é que, no Brasil, não existe apenas uma empresa dominante, como ocorre na China, com o Alibaba. Aqui, temos uma diversidade enorme de empresas, de grande e de pequeno porte, o que se constitui em um vasto universo, cheio de oportunidades para todos.

Nesse contexto, buscamos apresentar aos leitores as diferenças entre o comércio *on-line* e o físico, para que possam promover ações assertivas diante das transformações sociais e comportamentais de compra de maneira estratégica.

No primeiro capítulo, apresentaremos os preceitos do varejo digital e sua conexão com o varejo físico. No segundo capítulo, trataremos da importância de proporcionar a experiência aos consumidores virtuais e as potencialidades de personalização e customização, que são possibilitadas pelos canais virtuais de venda.

Já no terceiro capítulo, apontaremos algumas especificidades do varejo digital, destacando seus principais segmentos, a maneira como ocorre a jornada de compra dos consumidores, indicando direcionamentos sobre a estratégia de vendas e a forma de minimizar a ruptura entre o varejo físico e o digital. No quarto capítulo, nosso foco serão as tecnologias que podem ser aplicadas no varejo digital.

No quinto capítulo, abordaremos assuntos relacionados ao consumidor *on-line*, sua evolução e suas características, uma vez que devem ser o ponto central de qualquer negócio, *on-line* ou não.

Por fim, no sexto capítulo, analisaremos temas relacionados a questões de segurança nas transações do varejo *on-line*, tanto com relação aos consumidores quanto à própria empresa de *e-commerce*.

Boa leitura!

Elizeu Barroso Alves

capí-
tulo
1

Fundamentos do varejo digital

Ainda no século XX, quando se afirmava que a televisão extinguiria o rádio, o prognóstico não se concretizou; atualmente, essas mídias convivem muito bem, cada uma com seu **público**. Depois, foi a vez do prognóstico de que a internet extinguiria a televisão e, do mesmo jeito, ambas existem e, inclusive, interligam-se, tanto que é comum ouvirmos, em alguns programas de televisão, a frase: aponte o seu celular para esse QR-Code. Em outras palavras, nada se perdeu, tudo se transformou.

Com o varejo, não foi diferente! Muito foi dito que ele morreria, principalmente, após a pandemia de covid-19, quando houve um crescimento exponencial do varejo digital. No entanto, assim como ocorreu com o rádio e a televisão, o varejo físico vai se transformar e será integrado na lógica do varejo digital. Em outras palavras, a abrangência dos pontos físicos será somada às imensas possibilidades do varejo digital.

1.1
O que é o varejo digital?

Inicialmente, precisamos entender o que é ser digital. No Brasil, o processo de digitalização teve início ainda na última década do século XX com o advento da internet discada, quando usávamos a linha telefônica para nos conectarmos.

Atualmente, estamos na sociedade do conhecimento, em que, por meio da tecnologia, podemos fazer coisas antes nunca imaginadas. Imagine se você voltasse no tempo, lá em meados do século XIX, e dissesse que, na segunda década do século XXI, as pessoas se encontrariam virtualmente, em videochamadas, por meio de um aparelhinho chamado *smartphone*, que cabe no bolso. Quais seriam as reações?

Neste tempo em que estamos vivemos, a tecnologia vem transformando nossa forma de viver em sociedade, com a disseminação rápida de informação, mudando a forma como os relacionamentos acontecem, bem como as práticas de trabalho.

Com o varejo isso não é diferente, uma vez que o comércio eletrônico passa a fazer parte do nosso cotidiano, o que faz com que estejamos a distância de um clique de qualquer produto ou serviço. Isso tem moldado a forma de consumirmos e nos comportamos como consumidores.

Portanto, ser digital é muito mais do que o acesso à tecnologia, é ser capaz de entender, atualizar-se e agir dentro das possibilidades tecnológicas. O varejo é digital quando ele domina e atua por meio dessas ferramentas. Cardoso, Kawamoto e Massuda (2019, p. 120) apontam que o "CE [comércio eletrônico], que também é descrito como varejo virtual ou por seu termo na língua inglesa *e-commerce*, desde, então, cresceu, profissionalizou-se e tem se tornado uma ferramenta estratégica para as organizações". Como explica Almeida (2014, p. 17):

O comércio eletrônico abrange uma infinidade de formas de se realizar transações – financeiras, informações, produtos/serviços –, de forma a reduzir custos e aumentar a eficiência de processos. Tal forma de comercialização está cada vez mais presente na vida das pessoas e organizações; influenciando mercados, culturas, hábitos e, claro, a economia. Por ser um fenômeno relativamente novo na história das trocas comerciais, o comércio eletrônico está em um constante processo de atualização e mudanças. A cada dia que passa uma inovação surge e torna as demais formas de comércio obsoletas no que tange o fator competitividade. Essa série de atualizações constantes força as organizações a modernizarem seus processos, oferecer serviços e produtos com qualidade, reduzir custos, dentre outros benefícios a serem alcançados.

Vejamos, no Quadro 1.1, alguns conceitos de varejo digital, sinônimo de comércio eletrônico, tradução da palavra *e-commerce*, em inglês.

Quadro 1.1 – Definições para comércio eletrônico

Autor	Conceito
Kalakota e Whinston (1997)	Uma forma em que as empresas buscam incrementar a eficiência das comunicações de negócio para expandir a participação no mercado e manter a viabilidade de longo prazo no ambiente de negócio que existe hoje.

(continua)

(Quadro 1.1 – conclusão)

Autor	Conceito
Venetianer (2000)	Conjunto de todas as transações comerciais efetuadas por uma empresa, visando atender, direta ou indiretamente, a um grupo de clientes, utilizando, para tanto, as facilidades de comunicação e de transferência de dados mediados pela rede mundial de computadores, a internet.
Bertaglia (2009)	Meio pelo qual as empresas podem se relacionar comercialmente com seus fornecedores, clientes e consumidores em escalas maiores do que as tradicionais. Inclui pesquisa, desenvolvimento, marketing, propaganda, negociação, vendas e suporte.
Kotler (2006)	Ampla variedade de transações eletrônicas, tais como o envio de pedidos de compra para fornecedores via EDI (troca eletrônica de dados). Por meio do comércio eletrônico, os clientes podem projetar, solicitar produtos e serviços e pagar por eles por vias eletrônicas; e com os serviços de entrega receberem seus produtos no local cadastrado para recebimento.

Fonte: Cardoso; Kawamoto; Massuda, 2019, p. 121-122.

Assim, empregando a tecnologia em suas estratégias, o **varejo digital** tem possibilitado a conexão entre vendedores e compradores em todo o mundo, sempre com destaque para a tecnologia, que vem propiciando uma experiência única de consumo, como se o mundo fosse um grande *shopping center* e nós, os consumidores do mundo. Detalhe que levamos um tempo para estarmos habituados e seguros nesse novo tipo de cultura do consumo.

Como explica Albertin (citado por Cardoso; Kawamoto; Massuda, 2019, p. 118-119):

> O CE já foi visto pelos consumidores com certa desconfiança, mas a ampla disponibilidade de informações disponível na internet, assim como as ferramentas de avaliação de serviços e entrega de produtos auxiliaram a construção de um segmento o qual tem se consolidado ao longo dos últimos vinte anos pelo mundo. Por meio dessas ferramentas é possível ao cliente avaliar sua experiência de compra, podendo realizar uma análise das organizações por

intermédio de sua própria vivência. Com essa forma de operacionalizar suas tarefas, assim como do próprio cliente produzir informações e se comunicar, somadas a proteção de dados pessoais no ciberespaço, as vendas *online* têm conquistado credibilidade.

Dessa forma, o varejo digital tem estado em destaque, com um aumento de 25% apenas no ano de 2020, segundo um estudo feito em conjunto pelo Ebanx e Americas Market Intelligence (Montesanti, 2020). Assim, impulsionado por um ano com sérias restrições físicas em razão da pandemia de covid-19, o varejo digital teve a oportunidade de se popularizar ainda mais. Segundo Alves (2020a), uma pesquisa realizada pela Sociedade Brasileira de Varejo e Consumo (SBVC), em junho de 2020, afirma que, de cada dez clientes que compraram *on-line* durante o período de pandemia, sete continuarão comprando *on-line*.

Dessa forma, o varejo digital passa a assumir uma posição de vanguarda, seja em lojas 100% virtuais, seja em lojas que estão conseguindo cruzar seus canais de venda, o que chamamos de *omnichannel*, sobre o que falaremos com mais detalhes adiante neste livro.

1.2
Diferenças entre o varejo físico e o varejo digital

Pode parecer óbvia a diferença entre o varejo digital e o varejo físico: este acessamos fisicamente, em uma loja de rua; aquele, virtualmente por meio de nossos *smartphones*. No entanto, quem acha que é só isso, engana-se. Há muitas outras diferenças, principalmente em razão da transformação cultural do consumo e da ampla diversidade de formas de pagamentos. Parente (citado por Almeida, 2014, p. 6-7) destaca:

Ao visitar uma loja, vê-se primeiro sua fachada e decoração externa. No varejo virtual, é a home page que primeiro desperta nossa atenção. Da mesma forma que o consumidor percorre os corredores de uma loja para procurar e selecionar produtos, também, na loja virtual, conecta-se pelas home pages com os departamentos, e, por uma busca sucessiva de níveis de informações, descobre detalhes necessários sobre os produtos que lhe interessam, assim como sobre as condições de pagamento, garantias e entregas. A coleção total das páginas de informação no site do varejista consiste na "loja virtual". Enquanto uma loja está localizada em um espaço geográfico, a loja virtual está localizada no espaço cibernético.

Para o consumidor, o varejo digital é diferente do físico, porque apresenta uma diversidade nunca vista, por meio do qual podemos comprar produtos de qualquer parte do mundo. Também é uma experiência diferenciada, com menor esforço do que seria em uma compra física, uma vez que, em questão de minutos, em um *marketplace*, o consumidor tem acesso a uma infinidade de produtos iguais ou similares, nas mais diversas lojas, e tudo sem fazer o esforço físico de caminhar por toda a cidade.

Para as empresas, podemos citar duas grandes diferenças: a primeira é a possibilidade de as pequenas empresas estarem um *marketplaces*, como o Mercado Livre, e, com isso, não precisarem de um grande capital para atuar em vendas físicas; para empresas grandes, como o Magalu, é a possibilidade de apresentar aos clientes uma diversidade de produtos sem a necessidade de ter um imenso estoque, pois cada pequeno lojista é um núcleo de seu estoque.

Turban, Mclean e Wetherbe (citados por Almeida, 2014, p. 3-4) apontam alguns dos benefícios para empresas e consumidores:

Benefícios para as empresas. As principais vantagens do CE para empresas são:

– O comércio eletrônico dá ao vendedor a possibilidade de atingir um número muito grande de clientes em qualquer parte do mundo, com escasso desembolso de capital e baixo custo operacional. [...]

– Os canais de distribuição de comercialização podem ser drasticamente reduzidos ou até mesmo eliminados, tornando os produtos simultaneamente mais baratos e os lucros mais altos para o vendedor. [...]

– O comércio eletrônico reduz em até 90% os custos de criação, processamento, distribuição, armazenamento e recuperação de informações em relação a documentos baseados em papel. – O comércio eletrônico permite reduzir os estoques e despesas administrativas, [...].

– Os serviços e o relacionamento com os clientes são facilitados pela comunicação interativa, pessoa a pessoa, a baixo custo.

– O comércio eletrônico consegue reduzir o tempo decorrido entre o desembolso de capital e o recebimento dos produtos e serviços. – O comércio eletrônico reduz os custos de telecomunicações, [...].

– A publicidade tem condições de utilizar multimídia, ser constantemente atualizada, atingir grandes massas e ser personalizada.

– O comércio eletrônico é igualmente capaz de dar a pequenas empresas condições de enfrentar as grandes corporações. [...].

Benefício para os Consumidores. Os principais benefícios do comércio eletrônico para os consumidores são: – O comércio eletrônico proporciona, de maneira geral, produtos e serviços mais baratos, [...].

– O comércio eletrônico oferece mais escolhas aos clientes. [...].

– O comércio eletrônico permite aos consumidores comprar ou fazer transações 24 horas por dia, o ano todo, a partir de qualquer ponto do planeta.

– Os clientes recebem informações detalhadas e relevantes e outros serviços em questão de segundos, [...].

– O comércio eletrônico permite aos consumidores obter produtos e serviços personalizados a preços competitivos, [...].

– O comércio eletrônico permite aos consumidores interagir com outros clientes e com os vendedores em comunidades eletrônicas para trocar ideias e compartilhar experiências.

Outra diferença é que digital deixa um rastro mais perceptível do que o físico. Por exemplo, na loja física, quando entra um cliente, não sabemos o que ele fez até ali, quais lojas ele já visitou, quais seus interesses, o que ele procura. Preço, prazo de pagamento? Enfim, fica difícil personalizar uma oferta para ele. No digital, há o registro dos passos dos clientes, o que chamamos de *cookies*[1], por meio dos quais é possível identificá-lo e, com isso, personalizar ofertas.

Ao sintetizarmos essas diferenças do físico para o digital, podemos concluir que elas abrangem custos menores, várias possibilidades de personalização, amplos processos logísticos, operação comercial com mais agilidade no mercado e diversas formas de atendimento e contato com o cliente.

Machado e Crispim (2017, p. 207) afirmam que "enquanto as lojas on-line têm a vantagem de eliminar o deslocamento até a loja física, estas têm a vantagem de oferecer produtos para serem tocados, experimentados, avaliados, adquiridos e levados de imediato. Em função dessas diferenças de atributos, as operações das lojas físicas e das on-line são, por natureza, diferentes".

Ressaltamos que essas diferenças se completam e, por isso, um canal de venda não vai extinguir o outro, mas ambos serão integrados para a entrega mais efetiva aos clientes.

---

1 "*Cookies* são pequenos arquivos criados por sites visitados e que são salvos no computador do usuário, por meio do navegador. Esses arquivos contêm informações que servem para identificar o visitante, seja para personalizar a página de acordo com o perfil ou para facilitar o transporte de dados entre as páginas de um mesmo site" (Alves, 2018).

1.3
O varejo físico no novo contexto digital

Como já afirmamos, o varejo físico não vai, simplesmente, ser extinto, como se tudo fosse apenas digital a partir de agora. Longe disso! Uma das razões para isso é que existem tipos de produtos e serviços cujos clientes ainda optam pelo contato presencial. Além disso, a entrega dos produtos sempre será física, não importa se por motoboy, ônibus, caminhão ou drones. Portanto, o físico passa a ser mais um ponto de distribuição e, até mesmo, de experimentação.

A razão para isso é que as lojas passaram a ser concebidas como lojas de referência, onde os clientes podem experimentar, fazer uso, interagir e se aproximar dos produtos. Ademais, quando um cliente opta pela compra em uma loja física, comumente, ele fez sua pesquisa *on-line*. Como ressalta Almeida (2014, p. 18):

> Com tantas transformações, os consumidores nunca foram tão bem-informados e exigentes como atualmente. Já faz parte do seu comportamento pesquisar na internet sobre determinado produto, visitar lojas físicas e testá-lo, buscar informações com conhecidos e desconhecidos por meio de diversas redes de socialização *on-line* e *off-line*. E só depois de muita pesquisa, escolher em qual loja irá adquirir tal produto. Nesse processo, ele descobre preços, conhece outros produtos, divulga marcas, se informa se determinada empresa é ecologicamente sustentável, dentre outras atividades. Acaba criando uma rede de relacionamentos completa em torno de uma única aquisição.

Assim, o varejo físico tem um espaço em conjunto com o varejo digital no sentido de que o que passa a existir é um **varejo multicanal**, que "pode ser definido como a coordenação das operações de ambos os canais, *on-line* e *off-line*, através dos quais os clientes e os varejistas interagem" (Machado; Crispim, 2017, p. 207).

Ainda, segundo Alves (2021), o varejo passa a ser **figital** (*phygital*), que "é a estratégia das empresas de varejo de integrar o mundo real e o virtual para propiciar a melhor experiência do consumidor".

Nesse sentido, o varejo físico integrará a estratégia do varejo digital e vice-versa, não sendo mais possível entendê-los apenas de modo apartado. Por exemplo, por mais que a empresa faça suas vendas físicas, provavelmente, ela faz suas compras de produtos por outros meios, como telefone, *e-mail* e *site* de seus fornecedores.

Berman e Thelen (citados por Machado; Crispim, 2017, p. 207) assim argumentam:

> Uma boa integração multicanal permite que o consumidor examine o produto em um determinado canal, compre em outro e, finalmente, retire-o ou, eventualmente, devolva-o em outro local. Ainda segundo os autores, o varejo multicanal oferece sinergias que podem resultar numa base maior de clientes, em mais rentabilidade e participação de mercado, sendo necessário um planejamento detalhado e o desenvolvimento de uma infraestrutura que possa prover a interação entre os canais

Antigamente, era comum a adoção de estratégia de preços diferentes no digital e no físico, isto é, era mais barato *on-line* e mais caro *off-line*, no entanto, isso já não faz parte da estratégia de vendas, pois, com o canal integrado, os valores devem ser páreos.

Segundo Machado e Crispim (2017, p. 208), "a possibilidade de o consumidor comparar os dois canais, *on-line* e *off-line*, ganha destaque no ambiente de varejo e sugere a necessidade de os varejistas desenvolverem operações integradas".

Grandes *players* como Casas Bahia, Magazine Luiza, Ponto Frio já adotam essa tática de integração de preços nos canais, inclusive, os clientes podem fazer, por exemplo, a compra de um aparelho televisor via aplicativo e buscar o produto na loja, ou recebê-lo em algumas horas. Como explicam Berman e Thelen (citados por Machado; Crispim, 2017, p. 220):

> Os negócios multicanais, para terem sucesso, não podem funcionar como entidades separadas, mas devem funcionar como unidades integradas e facilitar as transações sem rupturas ou ruídos entre os diferentes canais. Assim podemos inferir que um canal não inviabiliza o outro, logo, eles podem e devem ser complementares

Com isso, o lugar do varejo físico no contexto digital é estar integrado, tendo a mesma importância e utilizando a mesma estratégia. Os canais são complementares e não excludentes, portanto não devemos pensar em estratégias isoladas. Assim, a questão não é ser *multichannel*, mas sim figital ou *omnichannel*.

Nesse contexto, as empresas devem criar estratégias mercadológicas que possam levar o consumidor a experiências *on-line* e presencial, que possam ser eficazes em aumentar o relacionamento entre consumidores e empresas, principalmente para o público que está descobrindo o consumo *on-line*.

1.4
A importância da tecnologia

Iniciaremos esta seção com duas perguntas: 1) O que possibilita que os canais *on-line* e *off-line* sejam complementares, sem sobrepor propostas ou criar informações desencontradas?; 2) O que vai garantir a integração, de fato, dos canais, criando uma comunicação eficaz entre eles?

Se pensou em **avanço tecnológico**, você está certo! A tecnologia vem propiciando uma verdadeira revolução no varejo. A tecnologia no varejo é de vital importância em toda a cadeia de suprimento, visto que faz a mediação entre os consumidores e os produtores.

Segundo Cervieri Junior et. al. (2015, p. 132), "por ser o elo entre os produtos de fabricantes e atacadistas e os consumidores, o varejo tem condições de promover a integração de soluções tecnológicas ao longo de toda a cadeia de suprimentos", além disso, "utilizado como porta de entrada de inovações aplicadas às atividades logísticas, o varejo pode atuar como um difusor de eficiência em todos os elos a montante do ponto de venda" (Cervieri Junior et. al., 2015, p. 132).

A difusão da tecnologia de modo geral em toda a sociedade, que passa agora a ter acesso a internet, computadores pessoais e, principalmente, *smartphones*, tem contribuído para essa transformação do varejo, principalmente nessa nova visão de integração de canais de vendas.

Cervieri Junior et. al. (2015, p. 132) apontam que:

> Outra tendência indicada é a convergência digital do varejo, em um conceito batizado de *phygital retail* (varejo "figital" – físico e digital ao mesmo tempo). Essa convergência é impulsionada pelo poder que o consumidor passou a ter em suas mãos a partir da massificação dos dispositivos móveis, da influência das redes sociais, das características da chamada geração *millennials*, entre outros fatores. O cenário para o varejo brasileiro deverá ser o mesmo, dado o processo de modernização do sistema de telecomunicações, a expansão das redes de banda larga, a popularização dos *smartphones* e o grande contingente de jovens na população.

Assim, o foco da tecnologia está na experiência do usuário (*user experience* – UX), ampliando o comportamento do consumidor para agregar também as características dos usuários dessas plataformas *on-line*. Inclusive, técnicas de neuromarketing estão sendo amplamente utilizadas para, de maneira tecnológica, criar a melhor experiência de compra, física ou virtual.

A seguir, transcrevemos algumas tecnologias que estão transformando o setor do varejo digital, segundo a Inventti, empresa criadora de plataformas para emissão de documentos fiscais eletrônicos:

A loja do futuro

Quando falamos em varejo digital, a forma mais fácil de imaginar seu funcionamento é pensando no conceito de "loja do futuro" – um lugar flexível e com alta capacidade de adaptação que está onde o cliente precisar. É mais ou menos isso que as novas tecnologias permitem ao empreendedor: romper as barreiras que o separam do seu público e oferecer um serviço mais personalizado. [...]

Heatmapping

Se você costuma pesquisar hábitos de consumo, já deve ter se deparado com algum exemplo de heat map – são aqueles mapas de calor que mostram os pontos dos sites que chamam mais e menos a atenção. A novidade no varejo digital é que agora essa tecnologia está sendo aplicada em lojas físicas para mostrar como os consumidores se comportam quando estão fazendo compras. [...]

Gôndola virtual

Das novidades do varejo digital, essa é a que literalmente leva a loja para mais perto do cliente. Tanto que as vendas nem precisam acontecer dentro da loja, podendo ser feitas até numa estação de metrô. E o mais impressionante é que outro item muito importante do processo de compra não está presente: o produto. [...]

Omnichannel

É praticamente impossível falar em varejo digital e não falar em omnichannel. Isso porque não se trata necessariamente de uma tecnologia, mas da utilização da tecnologia para integrar todos os canais de vendas disponíveis para que o cliente tenha a mesma experiência de compra em todos eles, independente de qual seja. [...]

Beacon technology

Conhecer a fundo os hábitos e comportamentos dos consumidores é um dado valioso para qualquer empreendimento. No varejo digital, isso não é exceção. E a solução encontrada para levar essa estratégia um patamar acima foi a tecnologia beacon. [...]

Etiquetas RFID

Com a queda no preço das etiquetas RFID (identificação por radio-frequência), elas têm tudo para se tornar a grande estrela do varejo digital. Isso porque, quando utilizadas em conjunto com novos sistemas baseados em IoT, trazem muitas vantagens para o lojista no rastreamento de produtos e controle de estoque. (Inventti, 2018)

Com o uso da tecnologia, o varejo digital pode trabalhar em três frentes, segundo Cervieri Junior et al. (2015, p. 164), "(i) interpretação do comportamento dos consumidores, (ii) enriquecimento das experiências de consumo e (iii) difusão de eficiência ao longo da cadeia de suprimentos". Essa nova realidade vem mudando a forma de atuação do varejo. Como explicam Cervieri Junior et. al. (2015, p. 164):

A relação do consumidor com o varejo está passando por uma transformação. Hoje, os clientes entram nas lojas munidos de seus smartphones, podendo comparar preços e condições de pagamento na concorrência e pesquisar informações e avaliações sobre os produtos de forma mais completa do que é possível obter por meio do atendimento de um vendedor. Também estão sendo exigidas do varejo experiências de compra cada vez mais diferenciadas, maior conjunção entre loja física e on-line, diferentes opções de entrega e retirada de produtos, além de ações que explorem o conceito de "engajamento" dos consumidores com as marcas – para citar alguns exemplos das características desses novos tempos.

Com a tecnologia, estamos na era do varejo 4.0, cada vez mais conectados e mais próximos dos anseios dos clientes, e com uma ótima experiência de compra e consumo.

1.5
O varejo 4.0

Varejo 4.0 é o termo utilizado para denominar o fenômeno da tecnologia aplicada ao varejo digital que está proporcionando uma experiência única de consumo e de relacionamento. Isso porque esse novo varejo passa a operar de modo contextualizado e geolocalizado, apresentando soluções para os clientes antes mesmo de que eles reconheçam alguma necessidade.

Os avanços tecnológicos dos últimos anos e o cenário econômico mundial mudaram as formas de comunicar, vender e consumir. Essa nova fase do comércio tem uma proporção gigantesca, e o que assombra os empreendedores é seu desconhecimento sobre as novas técnicas e como aplicá-las. De acordo com o Sebrae-MS (2018):

> A nova era do Varejo, conhecida como Varejo 4.0, concilia as tendências da internet com o mundo real para aprimorar a experiência de compra e o relacionamento com o cliente. Agora, acompanhar o comportamento do público da sua empresa é a chave para reinventar suas estratégias de venda.

Assim, no varejo 4.0, há uma conciliação entre o ambiente físico e as tendências do ambiente digital, que, em conjunto, buscam criar um vínculo maior com o cliente. Por exemplo, vamos pensar em como consumimos música. Com certeza, não é mais indo a uma loja comprar um CD, mas por meio de algum aplicativo. A mesma situação aplica-se à locação de filmes, visto que, atualmente, as plataformas de *streaming* revolucionaram esse tipo de consumo.

O varejo 4.0 tem tudo a ver com a evolução do *marketing*, como explicam Kotler e Keller (2012, p. 3): "o marketing envolve a identificação e a satisfação das necessidades humanas e sociais". Vejamos a evolução do *marketing*. Na Figura 1.1, Silva (2018) ilustra as fases do *marketing*:

Figura 1.1 – As fases do *marketing*

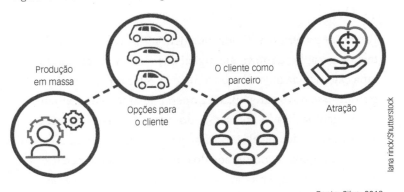

Fonte: Silva, 2018.

O varejo 4.0 é o varejo da experiência de consumo, que, segundo Almeida e Soares (2019, p. 4),

> se concentra em resolver o problema do cliente, trazendo a solução rápida em qualquer plataforma, *on-line* ou *off-line*, e que o cliente queira utilizar no momento. Essa aproximação transforma o conceito e indica que a melhor maneira de trazer e manter o consumidor são lhe proporcionar a melhor experiência de compra.

O varejo 4.0 alinha as diversas ferramentas tecnológicas com *websites*, sistemas de ponto de vendas, aplicativos móveis, sistemas de cadeia de suprimentos, sensores de loja, enfim, vários instrumentos que possibilitam compreender a jornada desse novo cliente, que, com o advento das redes sociais e com acesso quase ilimitado à informação, passa a ser um cliente bem mais informado.

Assim, essa nova forma de varejo proporciona uma maneira de contato personalizado com o cliente e, portanto, recomenda produtos, otimizando o gerenciamento da cadeia de suprimentos.

Kotler, Kartajaya e Setiawan (2017, p. 10-12) apresentam o cerne do varejo 4.0 por meio do *marketing* 4.0., vejamos:

Em um mundo altamente tecnológico, as pessoas anseiam por um envolvimento profundo. Quanto mais sociais somos, mais queremos coisas feitas sob medida para nós. Respaldados pela análise de big data (coleta, processamento e análise de megadados), os produtos tornam-se mais personalizados e os serviços, mais pessoais. Na economia digital, o segredo é alavancar esses paradoxos. Nesta era de transição, uma nova abordagem de marketing é necessária. Assim, apresentamos Marketing 4.0 como o desdobramento natural de Marketing 3.0. A grande premissa deste livro é que o marketing deve se adaptar à natureza mutável dos caminhos do consumidor na economia digital. O papel dos profissionais de marketing é guiar os clientes por sua jornada desde o estágio de assimilação até se tornarem advogados (defensores ou embaixadores) da marca.

Com base nas considerações de Kotler, Kartajaya e Setiawan (2017), concluímos que o varejo 4.0 passa a ser a base das estratégias dos canais de varejo para atender a essa nova demanda do mercado, com clientes que se tornaram defensores da marca, defendendo-a inclusive do ataque dos *haters* virtuais, visto que a "economia digital se tornando mais intenso, os consumidores estão ansiando pela aplicação perfeita de tecnologias que lhes permitam atingir seu pleno potencial e, ao mesmo tempo, tornarem-se empáticos" (Kotler; Kartajaya; Setiawan, 2017, p. 70).

Assim, os gestores do varejo digital devem ter a ciência de que, nessa fase 4.0, é preciso alinhar a tecnologia, os ambientes físicos e virtuais, os recursos humanos, a relação e comunicação humanizada, mesmo por *chatbots*[2], e a agregação de serviços, como a entrega rápida, as formas e opções de pagamentos etc.

---

2   "*Chatbot* é um programa de computador que faz o que é programado, simulando uma conversa humana em um *chat*. Dessa forma, é possível automatizar tarefas repetitivas e burocráticas, como dúvidas frequentes, na forma de diálogo pré-definido entre o usuário e um 'robô'" (Schappo, 2018).

Portanto, como já destacamos, o varejo 4.0 é o varejo da troca de experiência, do relacionamento, da tecnologia que nos possibilita a maior conexão com os clientes, e, a cada dia mais, os consumidores passam a descobrir todas as possibilidades desse novo tipo de varejo[3].

---

3 Para refletir sobre como você se sente sendo um consumidor neste novo mundo, assista ao vídeo *Loja sem filas? Sem funcionários? Sobre o sistema de atendimento das lojas Amazon Go*, disponível em: <https://www.youtube.com/watch?v=-L4x_AIYM88>.

Elizeu Barroso Alves

capí-
tulo
2

Comércio *on-line* e experiência de consumo

A cada dia, a tecnologia tem nos surpreendido oferecendo novas possibilidades de ação sempre mais inovadoras. Provavelmente, se você nasceu no século XXI, não sabe o que é pegar fila em banco nem enviar um fax ou uma carta pessoal via correio para alguém. Todas essas atividades foram impactadas pelo avanço tecnológico.

Assim, há um novo cenário comercial, em que o varejo digital passa a ser uma realidade de acesso para muitos consumidores. Por exemplo, podemos comprar um produto que não esteja à venda em nossa cidade, mas apenas em outras. Com isso, as empresas que atuam no mercado digital passam a se centrar na experiência de consumo dos clientes, tendo uma visão única de varejo *off-line* e *on-line*, sempre envolta em uma estratégia mercadológica que se baseia em uma nova cultura digital.

2.1
Cenário do comércio *on-line*

Vivemos em mundo cada dia mais globalizado, no qual parecem não haver mais barreiras geográficas. Por exemplo, você pode estar no conforto de seu lar em Picos (PI) e, com apenas um clique do *mouse*, adquirir um aparelho eletrônico produzido e comercializado pela China.

Com o desenvolvimento do varejo digital, as empresas obtiveram grandes benefícios, principalmente o de superar barreiras geográficas, o possibilitou a conquista de novos mercados e revolucionou a forma de aquisição de produtos. Outro benefício é que, enquanto os negócios convencionais funcionam em horário comercial, o e-commerce funciona sete dias por semana, 24 horas por dia, e graças à tecnologia e à possibilidade de acompanhar o histórico de compras e o perfil do cliente nas redes sociais, tornou-se mais fácil conhecê-lo para atendê-lo.

Pense no ambiente físico, onde podemos encontrar lojas, indústrias, ruas, casas e calçadas. Por exemplo, em Campo Largo, no Estado do Paraná, temos uma indústria de pratos. Eles são enviados para lojas físicas na cidade de Picos, no Piauí, cujos consumidores precisam sair de suas casas para adquiri-los. Isso ocorre em diversas cidades e estados do Brasil. Contudo, existe um ambiente que pode reduzir as etapas desse processo, principalmente no que se refere à comercialização do produto. No ambiente virtual, os consumidores, agora, conseguem ter acesso a produtos de todo o mundo com apenas um clique, além de

> redução de barreiras de tempo (sites operam 24 horas por dia) e de distância (acesso a lojas estabelecidas em outros países); a entrega imediata de produtos digitais, como e-books, softwares, e-tickets; e a possibilidade de customização de produtos, a exemplo de artigos do vestuário, óculos, computadores, carros etc. (Galinari et al., 2015, p. 142)

Esse cenário é possível em razão da tecnologia e do acesso à banda larga, aos computadores pessoais, a produtos *pets*, a acessórios automotivos, *tablets* e *smartphones*. Segundo Cardoso, Kawamoto e Massuda (2019, p. 131):

> A disponibilização da internet banda larga facilitou a comunicação e os indivíduos passaram a se comunicar com maior frequência através por esse meio e ferramentas disponíveis nas redes virtuais. A viabilidade de acesso da população ao computador pessoal e aos dispositivos móveis como os smartphones e tablets dinamizaram a produção, troca de informações, compras e vendas. A ampliação e a melhor qualidade dos serviços ofertados foram fundamentais para o crescimento do CE no mundo e no Brasil.

O cenário do varejo digital no Brasil é promissor. De acordo com Patel (2020), um dos mais importantes nomes do *marketing* digital, o Brasil é o terceiro país que mais faz compra na internet e

> lidera ainda o ranking de comércio eletrônico na América Latina, com participação nas compras de 59,1%, enquanto o segundo colocado, México, representa apenas 14,2% do montante. Cerca de 80 milhões dos brasileiros são consumidores de e-commerce. A inclusão das classes C, D e E tem contribuído com o aumento

das vendas. Dos novos compradores nos últimos anos, 61% fazem parte da classe C. Embora os dados evidenciem um cenário favorável do e-commerce no Brasil, ainda há muito potencial para crescimento.

Entre os produtos mais adquiridos estão eletrodomésticos, produtos para saúde e beleza, itens de moda e acessórios, livros, produtos e serviços de informática, assinaturas de revistas e de jornais. A cada ano, esse leque de compras se amplia, sendo possível, inclusive, comprar até um carro *on-line*.

Figura 2.1 – Página inicial da loja virtual Renault do Brasil

Como vimos, o comércio eletrônico no Brasil cresce a cada ano. Em 2019, segundo uma pesquisa da Paypal, empresa líder mundial em pagamentos eletrônicos, o *e-commerce* brasileiro cresceu 37,5% em um ano. Para termos uma ideia, "entre 2018 e 2019, depois de dois anos de crescimento moderado – 9,23% em 2016 e 12,5% em 2017 – o e-commerce brasileiro vivenciou sua maior expansão desde 2014, ampliando o número de lojas on-line em 37,59%" (Paypal, 2019).

Como aponta a pesquisa, desde 2015, o varejo digital no Brasil vem se desenvolvendo, com a criação anual de diversas empresas e com o uso intenso das redes sociais para potencializar essas vendas.

Encontramos, portanto, um setor em franco crescimento, principalmente, a partir de 2020, quando a pandemia de covid-19 fez com que muitas pessoas passassem a comprar *on-line*.

Nesse panorama de crescimento, o desafio das empresas de varejo digital é criar uma estrutura que possa atender melhor seus clientes.

2.2
A experiência do consumo

Como já ressaltamos aqui, no varejo digital, a experiência do consumo é uma das ações de destaque, porque as empresas digitais devem buscar meios de superar as expectativas de seus clientes. É o que faz, por exemplo, o Magazine Luiza ao criar sua influenciadora virtual por meio da inteligência artificial, que, em 2003, chamava-se *Tia Luiza* e, atualmente, chama-se *Lu do Magalu* (Oliveira, 2022).

O foco do Magazine Luiza era humanizar a experiência de compra virtual, que tende a ser muito fria: olhou, clicou e comprou. Como esclarece Oliveira (2022):

> Em 2009, a personagem ganhou um novo nome "Lu" e assumiu as redes sociais da marca. Com seu carisma, conquistou fãs e se tornou uma influenciadora digital, que hoje é contratada até mesmo por outras marcas para fazer propaganda. Atualmente, a personagem já conta com mais de 14,5 milhões de seguidores nas redes. A influência virtual da Lu começou com a humanização da Lu. Por trás de cada imagem que é feita dela, tem uma história que constrói a história da própria personagem", diz o gerente de conteúdo. Ela, por exemplo, faz viagens internacionais, mas não aparece simplesmente em outro país, tira foto no aeroporto antes da viagem. Ela também faz a vitamina dela, toma um banho de piscina.

As Figuras 2.2 e 2.3 reproduzem, respectivamente, um *tweet* postado por ela, em 16 de dezembro de 2020, e o espaço dela no *site* do Magalu, denominado *Lu Explica*:

Figura 2.2 – *Tweet* sobre uva-passa – Magalu

Fonte: Twiter, 2020.

Figura 2.3 – Página inicial Lu explica

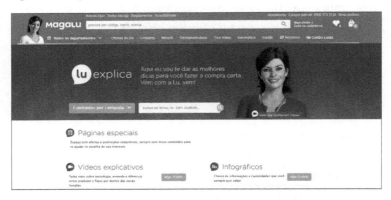

Fonte: Magazine Luiza, 2022.

Para que um *e-commerce* possa potencializar a experiência de seus consumidores, ele deve conhecer todo o processo, desde o interesse do cliente até o suporte pós-venda. Vejamos, na Figura 2.4, como isso deve ocorrer.

Figura 2.4 – Modelo de um fluxo do processo de comércio eletrônico

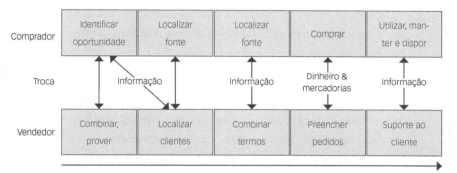

Fonte: Bloch; Pigneur; Segev, 1996, citados por Albertin, 2010, p. 4.

Com base no modelo apresentado na Figura 2.4, é possível identificarmos dois atores que participam do comércio eletrônico: o comprador e o vendedor. Albertin (2010, p. 4) afirma que esse modelo:

» conecta diretamente compradores e vendedores;
» apoia troca de informações totalmente digitais entre eles;
» elimina os limites de tempo e lugar;
» apoia-os interativamente, podendo adaptar-se de maneira dinâmica ao comportamento do cliente;
» pode ser atualizado em tempo real, mantendo-se sempre em dia.

Levando tudo isso em conta, é fácil compreender que uma das principais experiências proporcionadas pelo varejo digital é sua inovação na forma de comercializar os produtos, valendo-se de um novo canal de vendas que está à disposição de vendedores e compradores 24 horas por dia e de modo dinâmico.

Portanto, as empresas devem buscar formas de ampliar a experiência do usuário desde a segurança do *site* até o pós-venda. Silva e Vital (2010, p. 11) defendem que "só a segurança do site e a confiabilidade do cliente não garantem uma boa estratégia de vendas: a empresa precisa entregar o produto certo, no tempo certo, sem defeitos e oferece o suporte sempre que necessário para o cliente (pós-venda)".

Diniz et al. (2011, p. 11) destacam outras estratégias, como:

> Criação de vínculo maior com os clientes, oferecer o produto correto para cada perfil de cliente, menor gasto com colaboradores, menor gasto com estrutura física, a loja virtual poderá atender o cliente a qualquer hora do dia e em todos os dias da semana e terá uma rápida divulgação de tendências e promoções de produtos, o que atrairá mais clientes, a organização terá um diferencial competitivo, se destacará no mercado concorrente e poderá aumentar suas vendas e seus lucros.

Segundo Vinícius Sittoni Brasil (2007), ao pensar na experiência de consumo para gerar estímulos na loja virtual, as empresas devem considerar três tipos de respostas: cognitiva, emocionais e físicas. Como explica o autor:

> » Respostas cognitivas: relacionam-se às crenças, categorizações e significados simbólicos atribuídos à organização ou ao seu produto a partir do ambiente percebido;
>
> » Respostas emocionais: envolvem atitudes, humor e estado de espírito causado ou influenciado pelo ambiente de prestação do serviço;
>
> » Respostas físicas: caracterizam-se como reações ligadas, por exemplo, ao conforto/desconforto, à mobilidade no ambiente e ao calor/frio percebidos pelos indivíduos Essas respostas são moderadas por fatores diversos, tais como traços de per-

sonalidade e fatores situacionais (expectativas com relação ao ambiente e estado de espírito momento). (Brasil, 2007, p. 4)

Dessa forma, ao idealizar quais estímulos vão direcionar aos clientes por meio das lojas virtuais, as empresas estão demonstrando sua preocupação com a experiência de venda, por isso deve oferecer todas as informações necessárias sobre os produtos, trabalhar para ter excelência no atendimento, estimular os clientes a enviar depoimentos, produzir vídeos com os membros da equipe, vídeos sobre os produtos e sobre tudo o que possa criar vínculo com os consumidores.

A experiência do consumo tem tudo a ver também com o grau de personalização e customização que é possível por meio das lojas virtuais, inclusive, por trabalhar com preços regionais, respeitando, assim, as características locais. É sobre o que falaremos a seguir.

2.3
A importância da personalização

Em algum momento, você já teve ou terá a percepção de que aquela oferta em determinada loja virtual, ou em redes sociais, foi feita exclusivamente para você. E você vai pensar: "Como eles sabiam que eu queria esse produto?". Bem, eles seguiram seus rastros, seja pelos seus passeios por *sites*, seja pela sua atuação em redes sociais. Com base nisso, as empresas conseguem oferecer o produto certo para a pessoa certa.

De acordo com Fernandes (2016), a personalização, isto é, a entrega de propaganda, serviços e produtos de modo direcionado ao cliente, é possível das seguintes formas: 1) solicitando informações diretamente ao cliente; 2) utilizando *cookies* ou outra ferramenta de observação; 3) realizando pesquisas de mercado e de neuromarketing; 4) construindo perfis com base em históricos de compras. Dessa maneira, a empresa pode satisfazer as expectativas dos clientes.

Como ressalta Guedes (2019):

Personalizar a experiência do usuário na loja virtual é o caminho para ter um relacionamento próximo e contínuo com o consumidor, mantendo-o engajado. Essa customização passa pela implantação de uma vitrine personalizada no e-commerce, com campanhas individualizadas. A personalização no e-commerce nada mais é do que mostrar ofertas customizadas, recomendações de produtos e demais conteúdos para os visitantes com base em navegação, informações demográficas e outros dados pessoais. Ter uma vitrine virtual inteligente garante que os usuários vejam ofertas relevantes para eles.

A **satisfação** para os consumidores é ter as expectativas atendidas, uma vez que o *marketing* da empresa em redes sociais pode ter criado uma comunicação que desperte o desejo dos consumidores, logo eles já têm a expectativa na hora do consumo. Imagine que o cliente fez a compra *on-line* e, quando recebe o produto, não é aquilo que ele esperava. Nesse caso, ele terá o direito legal de devolvê-lo em até sete dias, o que, para a empresa, enseja aumento de custos.

O direito a essa devolução está assegurado pelo art. 49 da Lei n. 8.078, de 11 de setembro de 1990, que instituiu o Código de Defesa do Consumidor, sobre o qual trataremos com mais detalhes no Capítulo 6. Leia o artigo, transcrito a seguir:

Art. 49. O consumidor pode desistir do contrato, no prazo de 7 dias a contar de sua assinatura ou do ato de recebimento do produto ou serviço, sempre que a contratação de fornecimento de produtos e serviços ocorrer fora do estabelecimento comercial, especialmente por telefone ou em domicílio.

Parágrafo único. Se o consumidor exercitar o direito de arrependimento previsto neste artigo, os valores eventualmente pagos, a qualquer título, durante o prazo de reflexão, serão devolvidos, de imediato, monetariamente atualizados. (Brasil, 1990)

Quando o varejo digital trabalha com personalização da compra, ele ameniza situações em que o cliente se sente enganado pela empresa ou insatisfeito com todo o processo de troca. Por essa razão, as empresas devem:

» investir na personalização da navegação do cliente;
» otimizar os cliques e o tempo do cliente;
» melhorar o *layout* virtual;
» adapte o *site* para diferentes plataformas, sendo responsivo;
» usar a segmentação, por exemplo, por geolocalização, para diminuir os processos.

Com a personalização, portanto, as empresas podem apresentar propostas mais diretas a seus consumidores, ampliando a boa experiência de compra, na qual o cliente se sente acolhido como se estivesse em uma loja física, em que já é cliente regular.

Atualmente, já existe tecnologia para além de personalização da compra, algumas marcas disponibilizam a customização de seus produtos[1]: a Coca-Cola, por exemplo, permite a inserção de frases curtas na lata; a Nike, por sua vez, possibilita a troca de expressões, cores etc.; e a Netshoes propicia escolher o número e o nome na camisa de times de futebol. Uma loja virtual que consiga personalizar sua estrutura conforme cada cliente terá mais chances de obter sucesso em comparação àquelas que não o fazem, alinhando a personalização da loja com a customização dos produtos, viabilizando aos clientes colocarem sua marca, seu jeito, sua essência. Isso perpassa as oportunidades das vendas *on-line*.

---

1   Para mais informações, consulte <https://loja.cocacolabrasil.com.br/pt/lojacocacolabrasil>; <https://www.nike.com/nike-by-you>; <https://www.netshoes.com.br/>.

2.4
Canais de venda

Canal de venda é o meio pelo qual o cliente adquire e/ou recebe seus produtos. No varejo físico, o cliente pode adquirir o produto e levá-lo na mesma hora ou, então, programar a entrega; no canal virtual, a empresa vende *on-line* e programa a entrega. Portanto, o canal de venda é o meio pelo qual ocorrem as experiências de compra.

Quando pensamos nos canais *on-line* e *off-line* do varejo, estamos nos referindo à junção desses dois canais, em que um coexiste com o outro, principalmente no que diz respeito ao papel do varejo físico, que passa a ser uma ferramenta estratégica para alavancar as vendas, pois, por ele, as experiências sensoriais são possíveis, além de se tornar um ponto de entrega das vendas feitas via varejo digital.

No varejo físico, muitas lojas passaram a disponibilizar computadores, *tablets* e *smartphones* para que o cliente faça suas compras, sem contato com a equipe de venda, evitando também as filas dos caixas.

Na integração dos canais de vendas, um dos benefícios é que, ao servir como um ponto de distribuição das vendas *on-line*, possibilita que o produto adquirido pelos consumidores seja entregue no mesmo dia, por algum meio de transporte (motoboy, transportadora, carros de aplicativos), ou retirado pelo cliente.

Esse ponto da distribuição pelos canais é muito importante, principalmente, em sua integração, pois deve haver a sintonia entre os canais, não é admissível uma linguagem no canal *on-line* e outra no *off-line*, como explica Torres (2013, p. 6):

> Integração da rede de suprimentos/negócios (processos e sistemas internos e externos), capacidade de gerenciamento de rotas e entregas, gerenciamento eficaz de estoques/armazéns (inclusive virtuais) (disponibilidade/custos), capacidade de tratar as defasagens

operacionais e de informações, capacidade de tratar retornos, delivery imediato e controlado no caso de produtos digitais, capacidade de total rastreamento de pedidos e entregas, atendimento às expectativas de locais de entrega.

A eficácia na distribuição ocorre por uma estrutura logística que atenda às demandas efetivamente, em todo o processo operacional, do clique de compra do produto pelo cliente até a entrega no conforto de sua residência ou sua visita à loja para retirá-lo.

Parente (2012, p. 1) explica que a logística do *e-commerce* precisa de:

> » Gestão de estoque – Seguir os conceitos de Curva ABC e Long Tail (Cauda Longa) e garantir a disponibilidade e reserva;
> » Operação – Recebimento, armazenagem, picking, packing e posting, e logística reversa;
> » Ciclo de vida do pedido (Ex: prazo de entrega prometido ser menor ou igual ao executado):
> » Gestão de transportadoras e valores de frete;
> » Garantir a integridade dos produtos na entrega (Ex: Embalagem).

Da mesma forma que a distribuição e os processos logísticos são importantes, a questão da precificação também é, principalmente porque as formas de pagamento e o valor do frete são os campeões de abandono de carrinhos virtuais. Como defende Torres (2013, p. 2):

> É preciso prover meios diversos de pagamento, para facilidade de compra pelo cliente, inclusive a combinação de diversos meios em uma mesma compra, permitindo que compradores paguem de seu modo preferido. Parcelamento também é fator dos mais importantes no comércio eletrônico. Outro fator importante é a capacidade de identificar e tratar maus pagadores e repudiação de forma eficiente, que limite riscos, mas não afaste compradores.

Para a melhor forma de integração, o passo inicial das empresas é conhecer as necessidades e o perfil de seus clientes, a fim de que possam delinear suas estratégias de canais, que visam favorecer o consumo. Há tipos de clientes digitais, ou *e-consumer*, portanto conhecer o tipo no qual sua empresa foca é vital para o sucesso do canal, seja um varejo convencional, seja um ente governamental.

2.5
Marketplace

Sobre os canais de venda *on-line*, destacamos um espaço especial para tratar dos *marketplaces*, visto que esse tipo de canal tem possibilitado a diversas pequenas e médias empresas ter acesso ao mundo das vendas digitais, com menores investimentos do que se tivessem que desenvolver seu próprio *e-commerce*.

No ambiente físico, existem os *shopping centers* e as galerias de compras, onde lojas dos mais diferentes tipos estão reunidas, porém limitados, em razão de seu tamanho. Para o lojista, é ótimo porque, além de estar ao lado de outras lojas, há a possibilidade de dividir os investimentos em propaganda.

Para os clientes também é muito bom, pois é possível ter acesso a vários serviços e produtos: fazer uma refeição, lavar o carro e deixar o cachorro no *petshop*, no mesmo espaço e em horários próximos, reduzindo deslocamentos.

Como ressalta o Sebrae-BA (2019, p. 17):

> O marketplace representa uma oportunidade diferente para cada tipo de negócio, permitindo que o lojista tenha uma mídia de alto alcance, gerando mais visibilidade. Com isso, oferece a oportunidade de diversificação e ampliação do seu portfólio de vendas, além de aumentar o seu faturamento. Como são muitas as possibilidades de marketplaces e cada uma tem seus prós e contras, é preciso

analisar com muita cautela para definir qual o melhor tipo de marketplace se encaixa em seu negócio. Pode ser uma boa opção para alavancar as vendas da sua loja virtual.

No ambiente digital, existe um lugar correlato aos *shopping centers* e galerias de compras, porém com uma infinidade de produtos e serviços, um lugar que reúne compradores e vendedores dos mais diversos tipos. Assim, os *marketplaces* se tornam excelentes formas de se iniciar no mundo dos negócios digitais, ou, até mesmo, criar seu próprio *marketplace*.

No que se refere às relações no mercado digital, existem vários públicos, por exemplo, você pode ser uma empresa e ter um varejo digital para atender outra empresa (B2B), pode vender direto ao consumidor (B2C), ou pode ser pessoa física e vender para outra pessoa física, por meio de uma plataforma como o OLX (C2C). Você pode, inclusive, ser um cidadão que consegue, pelo meio digital, ter acesso a algum serviço do Governo (C2G).

Segundo o Sebrae-BA (2019, p. 9-10), as **vantagens** do *marketplace* são:

» Visibilidade e aumento de vendas: visibilidade é a maior vantagem de um marketplace. O fato dos seus produtos estarem expostos nas vitrines virtuais dos maiores e mais conhecidos sites, visitados por milhares de consumidores todos os dias, associada à sua credibilidade, aumenta as chances de venda, além de diminuir o investimento de tempo e dinheiro em divulgação.

» Investimento com baixo custo e alto retorno: negociado e determinado o tipo de cobrança com o marketplace, ele fornece as condições e o ambiente mais adequado pronto para que o lojista exponha seus produtos, oferecendo ainda volume elevado de tráfego, visitação, expertise e ferramental de marketing e mídia. Considerando que o investimento em tecnologia, marketing e mídia que o lojista precisaria fazer para alcançar a audiência de um marketplace é muito mais baixo do que de uma loja física, a margem de lucro é mais alta.

» Relevância SEO: Search Engine Optimization – SEO – quer dizer, numa livre tradução, processo de otimização para mecanismos de busca. Trata-se de um conjunto de técnicas de otimização para sites, blogs e páginas na web que visam alcançar bons rankings gerando tráfego e autoridade para um site ou blog. No caso dos marketplaces, a loja e seus produtos ganhando mais visibilidade, significa que estão sendo mais procurados. Isso quer dizer, que a loja ou produto está sendo bem ranqueado nas buscas, ou seja, está sendo facilmente encontrados pelos consumidores.

» Diversificação de públicos, portfólio e crescimento de negócio: Aumentando a visibilidade, os clientes e o faturamento, o marketplace possibilita, consequentemente, o crescimento do seu negócio. Com isso, surgem novos consumidores, o que significa geração de novas demandas, exigindo do lojista que amplie e diversifique suas opções de produtos ou serviços e aposte em novos nichos.

Da mesma forma, o Sebrae-BA (2019, p. 11) apresenta as **desvantagens** (que consideramos desafios):

» Marca: o nome da sua loja, e todos os atributos e diferenciais que representa, está submetido a uma marca maior, da plataforma em que está conectada. Isso gera uma dependência que pode ser muito positiva no quesito visibilidade, porém, cria automaticamente um vínculo de dependência. Se um marketplace encerrar suas atividades, o que acontece com todas as marcas envolvidas? Perdem, não apenas o seu canal de venda, como o público pode esquecer a sua marca.

» Concorrência: se sua loja está com um excelente rank, significa dizer que seu nicho está sendo um ramo rentável. Com isso, as chances da plataforma marketplace contratada de se transformar em concorrente direto são altas. Como ele acompanha os seus indicadores, é possível que identifique como vantagem entrar no mesmo setor do seu negócio, pois com raras exceções, um marketplace formaliza um contrato de exclusividade.

O Brasil tem tido muito destaque nessa seara, principalmente porque os *marketplaces* nacionais se tornaram referência e casos de sucesso para todo o mundo. Os maiores *marketplaces* são: Mercado Livre, Amazon, B2W (Americanas, Shoptime e Submarino), OLX, Magazine Luiza, Netshoes, Zattini, Via Varejo (Casas Bahia, Ponto Frio, Extra e Loja HP), GFG (Dafiti, Kanui e Tricae), Centauro, Madeira Madeira, entre outros.

Dessa forma, empreender por meio de um *marketplace* tem sido a opção de milhares empreendedores em todo mundo, pois eles abrem um leque de possibilidades muito bom para acessar diversos mercados e, assim, ofertar os produtos e serviços[2].

---

2 Indicamos, para pesquisa e atualização, a Sociedade Brasileira de Varejo e Consumo (SBVC), que produz muito material interessante. Acesse: <http://sbvc.com.br/>.
Conheça os *sites* do E-Commerce Brasil, referência na elaboração de conteúdo sobre o varejo digital: <https://www.ecommercebrasil.com.br/>, e da Associação Brasileira de Comércio Eletrônico (ABComm), que trata diretamente dos interesses do *e-commerce*: <https://abcomm.org/institucional/>.
É possível conferir algumas dicas para vender em *marketplaces* em Alves (2020a).

Vívian Ariane Barausse de Moura

capí-
tulo
3

Conhecendo algumas especificidades do varejo digital

Antes de falarmos sobre os principais segmentos do varejo digital, retomaremos o conceito básico do varejo.

Chaffey (2014, p. 32) defende que o "varejo pode ser classificado em seis tipos: lojas de departamentos, lojas de especialidades, supermercados, galerias, especialidades por categoria e lojas de conveniência". Portanto, podemos dizer que o varejo é como consumidores e empresas compram bens e serviços, por exemplo, negócios em manufatura, educação, saúde ou transporte, que são segmentos que envolvem vendas no varejo e, embora suas especialidades sejam diferentes, eles têm uma coisa em comum.

Para que o varejo venda seus produtos e serviços aos clientes de maneira eficaz, constantemente, surgem melhorias de produtos, processos, instalações, bem como da experiência do cliente. Em outras palavras, o varejo está sempre se atualizando para realizar negócios. Neste capítulo, abordaremos como proceder quando esse negócio rompe a barreira física e passa a ser digital.

3.1
Principais segmentos do varejo digital

A ascensão do comércio digital impulsionou as inovações no varejo. Quando a pandemia de covid-19 chegou, não só mudou a forma como interagimos, mas também empurrou ainda mais clientes para o varejo digital, que passaram a ser "clientes do comércio eletrônico".

De acordo com Gouveia (2006), o negócio eletrônico está associado ao uso intensivo de tecnologias de informação e comunicação. No entanto, para implementar iniciativas de negócio eletrônico, é necessário bem mais do que o uso de computadores e redes, pois se refere à utilização dos dispositivos tecnológicos aliados à internet para realizar os negócios e todas as transações envolvidas, como as áreas de vendas, *marketing*, logística, segurança, entre outras.

No Quadro 3.1, apontamos os principais segmentos de negócios propostos por Belmiro (2014, p. 122).

Quadro 3.1 – Segmentos de negócios do varejo digital

Categoria	Descrição	Exemplos
Loja virtual (*e-tailler*)	*E-tailler* se parece com lojas físicas, contudo os clientes podem realizar todo o processo de compra pela internet. A ideia é oferecer lojas de baixo custo, em tempo real, com variedade de produtos. Há várias empresas que oferecem os mesmos produtos nas lojas físicas e no site, como a Ponto Frio, e outras que só existem na internet, como é o caso do Mercado Livre.	Amazon, Dafiti, Ponto Frio, RedEnvelope, Mercado Livre
Corretora de transações	Transações que seriam feitas pessoalmente, por telefone ou correio pelo consumidor são realizadas pelo site dessas empresas, a maioria financeiras e agências de viagens, que cobram taxas mais baixas do que nas versões tradicionais desses serviços. A vantagem é economia de tempo e de dinheiro, ofertas e um grande estoque de produtos em um só local.	Ebay, Mercado Livre, Priceline
Provedor de conteúdo	Gera receitas por meio de conteúdos digitais, como notícias, músicas, fotos ou vídeos. O acesso ao conteúdo é pago pelo consumidor ou ele pode gerar receita pela venda de espaço para propaganda. Alguns provedores criam o conteúdo que oferecem, outros distribuem conteúdo produzido e criado por terceiros.	iTunes Store, WSI, Gettyimages, Games.com
Provedor de comunidade virtual	Ambiente digital e *on-line* de reunião *on-line* onde pessoas com interesses semelhantes se comunicam e interagem. É possível compartilhar fotos, vídeos e vender/comprar produtos.	Myspace, Facebook, Instagram
Portal	Oferecem serviços como *e-mail*, mensagens instantâneas, mapas, calendários, compras etc. Antes, eram a forma de acesso à internet, atualmente são mais um local de acesso para as atividades *on-line*. A receita desses portais é gerada pela cobrança dos anúncios e serviços especiais.	Yahoo, Google, Bing
Provedor de serviços	Oferecem compartilhamento de fotos, vídeos e conteúdo gerado por usuários, armazenamento de dados *on-line* e cópia de segurança de arquivo. Os serviços *on-line* são oferecidos como nas lojas virtuais.	Google, Flickr, Photobucket

Fonte: Belmiro, 2014, p. 122.

Segundo Belmiro (2014, p. 124), "os seis modelos mais usados são: propaganda, vendas, assinatura, *free/freemium*, taxa por transação e afiliação".

» Propaganda: *banners* ou anúncios disponíveis *on-line*.
» Vendas: o lucro das empresas provém da venda de produtos, serviços ou informações.
» Assinatura: um *site* cobra uma taxa regular de assinatura para acesso ao conteúdo exposto.
» *Free*: as empresas oferecem gratuitamente serviços e conteúdos básicos, mas os recursos mais avançados são cobrados.
» Taxa por transação: as empresas recebem uma taxa por permitir ou executar uma transação.
» Afiliação: os *sites* afiliados encaminham seus visitantes para outros, em troca recebem uma taxa de referência e uma porcentagem sobre qualquer venda.

Além dos modelos de receita, as transações de comércio eletrônico são classificadas por categorias. Existem várias categorias, que são representadas por letras que correspondem a siglas, utilizadas para representar as formas de organização e comunicação do comércio eletrônico. Cada letra tem seu significado:

» B: *business*, empresa ou fornecedor;
» C: *consumer*, consumidor ou cliente;
» E: *employee*, empregado;
» G: *government*, governo.

As categorias do comércio eletrônico e sua descrição são apresentadas a seguir.

Quadro 3.2 – Classificações do *e-business*

Categorias	Descrição
B2C	*business to consumer* (empresa para consumidor)
C2B	*consumer to business* (consumidor para empresa)
B2B	*business to business* (empresa para empresa)
B2G	*business to government* (empresa para governo)
G2B	*government to business* (governo para empresa)
C2G	*consumer to government* (consumidor para governo)
G2C	*government to consumer* (governo para consumidor)
G2G	*government to government* (governo para governo)
C2C	*consumer to consumer* (consumidor para consumidor)
B2E	*business to employee* (empresa para empregado)
E2B	*employee to business* (empregado para empresa)

Fonte: Elaborado com base em Belmiro, 2014; Chaffey, 2014.

Nos últimos anos, o comércio eletrônico tornou-se uma parte indispensável da estrutura do varejo global. A exemplo de muitos outros setores, o cenário do varejo passou por uma transformação substancial após o advento da internet, e, graças à digitalização contínua da vida moderna, consumidores de praticamente todos os países agora lucram com as vantagens das transações *on-line*. Como o acesso e a adoção da internet estão crescendo rapidamente em todo o mundo, o número de compradores digitais continua aumentando a cada ano, ampliando as dimensões do varejo digital.

3.2
A jornada de compras

Houve um tempo, não muito distante, em que a experiência de compra sempre começava e terminava nas lojas físicas. Você decidia que queria comprar algo, fazia o trajeto até a loja, encontrava o item desejado, comprava e ia embora. Para os consumidores de varejo atualmente, esse tipo de experiência é muito menos comum. A ascensão meteórica das compras *on-line* transformou a experiência de varejo em algo que está acontecendo 24 horas por dia, 7 dias por semana, rompendo as fronteiras de tempo e espaço (Mason, 2019).

Como ilustrado na Figura 3.1, a jornada do consumidor, em geral, passa por várias etapas.

Figura 3.1 – A jornada do consumidor

Como consumidores, estamos sempre navegando, pesquisando, comparando e comprando em qualquer local do mundo. Mesmo quando optamos por comprar na loja, há uma grande chance de um cliente ter consultado um preço ou comparado os itens antes de fazer sua visita. As compras físicas agora envolvem experiências digitais.

Figura 3.2 – Compra *on-line*

Consideremos como hipótese a representação da Figura 3.2, em que ocorre a seguinte situação: um homem está sentado em seu escritório em Viena e compra flores de uma empresa para sua irmã que mora no Brasil. Se você trabalha nessa floricultura, como pode proporcionar uma experiência fantástica para quem faz seu pedido em Viena? Com uma diferença de tempo de 12 horas, 17.360 km entre vocês e nenhuma maneira de saber com quem você está interagindo, como você pode fornecer o mesmo tipo de experiência valiosa e positiva que oferece consistentemente a seus clientes pessoais? A resposta é criar um serviço sem atrito, valioso e personalizado por meio de pontos de contato digitais.

É importante destacar que a compra *on-line* não ocorre em uma linha reta, as pessoas raramente decidem que precisam de uma nova camiseta, acessam a internet, clicam na primeira loja e compram a camiseta ali. Com muitas opções e vidas digitais, o processo de compra é muito mais complicado.

Primeiramente, a maioria dos itens não são comprados por necessidade, mas por desejo, então, as pessoas gostam de pesquisar, ler avaliações, comparar preços e qualidade muito antes de fazer sua escolha.

Em segundo lugar, no passado, as marcas e os clientes costumavam interagir apenas na loja física e, provavelmente, por meio de um anúncio impresso ou veiculado na tevê. Atualmente, a comunicação acontece em todos os lugares, o tempo todo.

Agora, a jornada do cliente tem várias etapas antes e depois da compra, com muitos pontos de contato. Os consumidores esperam atendimento ao cliente no Twitter e fazem pedidos pelo Facebook, deixam comentários em *blogs* e querem tutoriais em vídeo. A pior parte é que as pessoas falam sobre experiências negativas duas vezes mais do que de experiências positivas (Mason, 2019).

A jornada do cliente deve ser gerenciada com cuidado, utilizando os canais certos para interação em cada estágio, observando a frequência da comunicação, criando pontos de contato significativos e controlando o resultado de cada etapa para que leve à próxima. É necessário estar onde quer que os clientes estejam, mantê-los engajados enquanto passam de um meio para o outro e atender às suas diferentes necessidades nos vários estágios do ciclo de compra (Stephens, 2021).

3.2.1
As etapas da jornada do cliente

De acordo com Binnie (2018), é útil dividir a jornada do cliente em estágios gerenciáveis, que são mais fáceis de avaliar e controlar. Embora existam muitas interpretações e maneiras de contá-los, vamos analisar a Figura 3.3, que representa as etapas da jornada do consumidor.

Figura 3.3 – Jornada do consumidor

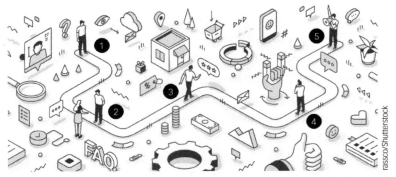

1. Conhecimento | 2. Consideração | 3. Decisão/Conversão | 4. Retenção | 5. Advocacia

Agora, vamos apresentar alguns elementos de cada etapa:

1. **Conhecimento**: é quando o cliente em potencial conhece sua marca pela primeira vez. Pode ser intencional, como parte da pesquisa que eles estão fazendo, ou não intencional, graças aos seus esforços externos.

Quadro 3.3 – Pontos de interação *versus* objetivos em conhecimento

Pontos de interação	Seus objetivos nesta fase
» *Buzz marketing* (boca a boca). » Recursos de relações públicas, cobertura da mídia. » Pesquisa orgânica, *marketing*. » Anúncios. » Mídia social.	» Fornecer informações, responder a perguntas, mostrar legitimidade e experiência. » Ganhar confiança. » Criar interesse.

2. **Consideração**: aqui, o cliente tem uma necessidade e seu produto pode ser uma solução potencial. Eles sabem sobre você e estão pesando os prós e os contras de outras ofertas.

Quadro 3.4 – Pontos de interação *versus* objetivos em consideração

Pontos de interação	Seus objetivos nesta fase
» Mídia social. » Anúncios de *retargeting* (publicidade direcionada). » Visitas diretas ao *site* e *blog*. » Revisar *sites*.	» Apresentar produtos como uma solução. » Explicar as vantagens e justificar o preço. » Ganhar o cliente. » Manter o interesse.

3. **Decisão/Conversão:** quando você recebe o primeiro pedido do cliente, a facilidade de escolha e transação é mais importante aqui, bem como o atendimento ao cliente e as informações adequadas sobre taxas, entrega e devoluções.

Quadro 3.5 – Pontos de interação *versus* objetivos em decisão/conversão

Pontos de interação	Seus objetivos nesta fase
» *Site* próprio. » Mídia social. » Telefone. » *E-mail*.	» Fornecer informações precisas. » Certificar-se de que o cliente pode escolher a melhor opção em termos de tamanho ou finalidade. » Enviar o pedido. » Deixar a porta aberta para mais comunicação.

4. **Retenção:** nessa fase da jornada do cliente, ou você o mantém ou o perde. É a hora de alimentá-lo, mantê-lo por perto, ficar em mente. Essa é, provavelmente, a fase em que você mais pode atuar.

Quadro 3.6 – Pontos de interação *versus* objetivos em retenção

Pontos de interação	Seus objetivos nesta fase
» Redes sociais, comunidade. » *Site* e *blog* próprios. » *E-mail*. » Anúncios de *retargeting*.	» Empenhar-se. » Receber *feedback* e agir de acordo. » Fazer ofertas relevantes. » Torná-los parte de sua comunidade. » Informar sobre novidades. » Estimular mais compras.

5. **Advocacia:** você deve trabalhar para chegar a esse estágio, mas nem todas as marcas são bem-sucedidas. Para a maioria, a jornada do cliente termina após uma ou algumas compras porque eles falham no estágio 4 – retenção.

Se você fizer a retenção corretamente, os clientes mais engajados vão se tornar embaixadores da marca.

Quadro 3.7 – Pontos de interação *versus* objetivos em advocacia

Pontos de interação	Seus objetivos nesta fase
» Redes sociais, comunidade. » *Site* e *blog* próprios, página do programa de referência ou seção VIP. » *E-mail*. » Serviço de bate-papo.	» Envolver o cliente no desenvolvimento do produto. » Recompensar por fidelidade. » Obter referências com o *buzz marketing* (boca a boca). » Usar conteúdo gerado pelo usuário.

Cada estágio anterior influencia se uma pessoa passará para o próximo ou não, dependendo se a experiência for positiva ou negativa. Eles são todos interdependentes (Binnie, 2018).

3.3
Estratégias de vendas

O comércio eletrônico não é apenas comprar *on-line*. É uma nova forma de fazer muitas coisas, de interagir com produtos e marcas. As pessoas não compram produtos ou serviços agora, elas compram experiências. Conveniência, informação, suporte útil e assistência pós-compra, a capacidade de dar *feedback* direto, comunicação não intrusiva e rica em valor, facilidade de compra multicanal, ofertas significativas são todas partes dessa experiência (Rogers, 2017).

Como já dissemos, a adoção acelerada de dispositivos móveis está impulsionando a demanda por experiências de compra sem atrito. Os clientes procuram *sites* de carregamento rápido, *design* responsivo e *sites* personalizados.

A jornada do cliente é o caminho, a sequência de experiências que seus clientes obtêm. Você pode deixar sua pesquisa ou compra ao acaso e deixar a jornada do cliente seguir seu curso natural. Isso não garante resultados significativos.

Você também pode projetar a jornada do cliente de forma a passar por todas as experiências que deseja que as pessoas tenham com sua marca (evitando as indesejadas) e levando-as aos resultados desejados, como compras múltiplas e fidelidade.

De acordo com Rogers (2017), projetar a jornada do cliente é a otimização mais abrangente que podemos fazer para aumentar as conversões, a receita e o lucro de uma loja *on-line*.

A otimização da jornada do cliente inclui:

» as etapas da jornada;
» mapear a jornada do cliente e seus objetivos em cada estágio;
» consertar e enriquecer a jornada do cliente em todas as fases.

Os clientes gravitam em torno de *sites* que atendam às suas necessidades com informações relevantes sobre produto, equipe experiente e garantias de segurança. Ainda segundo Rogers (2017), a personalização é fundamental para as experiências de compra, ao passo que o conteúdo irrelevante tem um efeito oposto, levando à perda de vendas para os varejistas. Essas mudanças aceleram a inovação, impulsionando iniciativas de transformação digital em todo o setor de varejo.

Para isso, no entanto, é necessário examinar a jornada atual do cliente e identificar maneiras de melhorá-la. A forma saudável de fazer isso é mapear cada ponto de contato durante a jornada do cliente e como isso contribui para a meta final de vendas repetidas.

No Quadro 3.8, destacamos com alguns pontos essenciais para direcionar o mapeamento.

Quadro 3.8 – Direcionamentos para realizar o mapeamento

Canais de aquisição e seus efeitos nos próximos comportamentos	De onde vêm seus clientes? Quais canais trazem os clientes fiéis e quais trazem *leads* de baixa qualidade? Esses são os canais nos quais se concentrar nos estágios de conscientização e consideração da jornada do cliente.
Primeiro dispositivo de contato	Em qual dispositivo ocorre a primeira interação? A experiência é otimizada para isso? Se for desagradável, as chances de ir mais longe na jornada são mínimas.
Comportamento no *site*	Como as pessoas navegam em seu *site*, com que frequência, de quais canais elas vêm todas as vezes? Cada sessão é um ponto de contato e uma etapa na jornada do cliente.
Adicionar ao carrinho e ações de carrinho abandonadas	Esses são um dos marcos essenciais na jornada do cliente porque mostram uma forte intenção – e ao mesmo tempo uma pausa na jornada, algo impede as pessoas de comprar. É crucial examinar por que e com que frequência isso acontece, para todos os consumidores ou para pessoas específicas, o que os faz comprar no final ou nada o faz?
Devoluções e pedidos cancelados	Esses eventos também marcam problemas na jornada do cliente, portanto, precisam ser resolvidos. Salvar pedidos cancelados também trará aqueles clientes que estavam escapando, provavelmente para sempre. Aprender com eles, em vez de discutir ou encobri-los, ajudará você a suavizar a experiência.
Hábitos de compra	Esperamos que a jornada do cliente inclua compras repetidas. É importante saber com que frequência seus clientes compram, para quais valores de pedido, em quais gatilhos e quais são os produtos relacionados de acordo com eles.
Funis de vendas	Seu funil de vendas é um segmento da jornada do cliente – aquele com a conversão. Como é fundamental para o sucesso, rastrear onde ocorrem as perdas e quanto tempo leva para a conversão pode ajudar a levar mais pessoas da consideração à retenção.
Preferência de comunicação	Para um bom relacionamento com o cliente e compradores satisfeitos, a comunicação é tão vital quanto os produtos e serviços. Se isso acontecer em um meio que eles não gostam ou não usam – apenas por meio de *chat* ao vivo no *site*, por exemplo, a jornada do cliente provavelmente não continuará por muito tempo.

Fonte: Elaborado com base em Rogers, 2017.

À medida que a concorrência aumenta, os varejistas terão de reavaliar suas ofertas e seus mercados e ver em que aspectos podem diferenciar-se. Por exemplo, isso pode significar trazer mais experiências *on-line* na loja, permitindo que os compradores *on-line* façam uma videochamada com os vendedores. Essa alternativa pode auxiliar nas dúvidas durante as decisões de compra. Existe também a possibilidade de utilizar a tecnologia de realidade aumentada, ajudando os clientes a visualizar produtos com câmeras em dispositivos móveis.

Os pontos levantados devem ser o início para otimizar a jornada de clientes. Ressaltamos que os recursos utilizados devem fazer sentido para o cliente e enriquecê-lo, não apenas se concentrar em impulsionar as vendas. O relacionamento que você está construindo deve ser mutuamente benéfico.

3.4

Formas de atenuar a ruptura entre o varejo físico e o digital

A loja física continua vital para o varejo, mas sua função está evoluindo, principalmente em razão da internet e das preferências das gerações X e *millennial*. Para proprietários, gerentes e franqueados de redes de varejo, lojas de conveniência e outros pontos de venda e instalações de varejo, o desafio é inovar, otimizar e preparar o negócio para o futuro (Binnie, 2018).

A transformação digital para o varejo não começa e termina com uma função específica, como um *site* de carrinho de compras. Na realidade, as organizações devem fazer mudanças profundas em suas operações, cadeias de suprimentos, gerenciamento de estoque e processos de relacionamento com o cliente. Os processos de relacionamento devem analisar dados para projetar com precisão a demanda, reagir às necessidades do cliente e enviar produtos com rapidez e eficiência.

Como exemplo nesse sentido, a pandemia de covid-19 também fez com que muitas empresas reavaliassem suas cadeias de suprimentos. Conforme a demanda flutuava, muitos clientes enfrentavam falta de estoque e atrasos. Os varejistas estão procurando proteger suas cadeias de suprimentos e as iniciativas de digitalização ajudam as marcas a alcançar suas metas de resiliência e de eficiência. Melhorias na cadeia de suprimentos, como transparência, velocidade e prazos de entrega reduzidos, são mais importantes do que nunca (Stephens, 2021).

Independentemente do setor, a transformação digital envolve uma abordagem unificada entre organizações e departamentos. Os departamentos de TI e as partes interessadas internas precisam estar envolvidos, concordar com um plano de ação e trabalhar juntos na iniciativa. Contudo, para que a transformação do negócio de varejo seja bem-sucedida, os envolvidos devem ser honestos com suas habilidades e seus conhecimentos técnicos, estabelecendo o que pode ser feito internamente e onde a ajuda externa é necessária para chegarmos aonde desejamos.

Mesmo que a jornada para o digital esteja sob controle, sempre haverá ajuda se precisar. Existem consultores e *startups* que trabalham apenas com transformação digital e realizam direcionamentos para varejistas em sua transformação digital, que está brevemente apresentada na Figura 3.4.

Figura 3.4 – Varejo físico e varejo digital

Stephens (2021) destaca alguns direcionamentos no varejo e como eles impulsionam a transformação digital do setor de varejo:

» **A confiança é mais importante do que nunca**: mais de 81% dos compradores *on-line* ficam ansiosos ao comprar em um *site* com o qual não estão familiarizados. A confiança *on-line* deve ser construída por meio de descrições informativas de produtos e disponibilidade precisa. Uma forma de comunicar dados em tempo real sobre produtos, preços e remessas é por meio da integração com o sistema ERP (*enterprise resource planning*, ou sistema de gestão integrado).

» **As pessoas estão conectadas a seus telefones**: de acordo com um estudo divulgado pelo Cuponation, cerca de 3,8 bilhões de pessoas, o que é metade da população mundial, usarão *smartphones* em 2021 (Consumidor..., 2018). As empresas que mudam para o PWA[1]

---

1   Sigla usada para denotar uma nova metodologia de desenvolvimento de *software*. Ao contrário dos tradicionais aplicativos, um *Progressive Web App* pode ser visto como uma evolução híbrida entre as páginas da *web* regulares e um aplicativo móvel (Binnie, 2018).

(tecnologia *progressive web app*) notam que o engajamento aumenta de 20% para 250%.

» **A automação está em toda parte:** as tecnologias de varejo automatizadas, como robôs, drones e caixas automáticas, estão transformando o varejo. Por exemplo, drones podem reduzir os custos de entrega, os robôs de depósito podem reduzir os custos de mão de obra manual.

Embora a pandemia tenha afetado os gastos em geral, houve aumento sem precedentes nas compras *on-line* de B2C e B2B. À medida que as empresas se preparam para a nova era digital, a digitalização acontecerá em taxas diferentes em domínios diferentes. O que é certo é que podemos esperar mudanças na experiência do cliente e adoção mais rápida de ferramentas que permitem que os varejistas sobrevivam nos próximos anos (Stephens, 2021).

Além da mudança para o *on-line*, também estamos vendo mudanças nas preferências de bens de consumo, padrões de gastos e novos canais de compra. Os varejistas não apenas estão reagindo a essas mudanças, mas também procuram maneiras de melhorar a eficiência operacional. Eles estão introduzindo novos sistemas de negócios ou conectando os existentes, como soluções de CRM (*customer relationship management*, gestão de relacionamento com o cliente), *e-commerce*, ERP (*enterprise resource planning*, sistema integrado de gestão empresarial), WHM (*webhost manager*, gestão de *webhost*) ou PIM (*product information management*, gerenciamento de dados do produto) (Mason; Knigths, 2019).

Outras mudanças são mais graduais, como investimentos em análise de dados, robótica e realidade aumentada. Isso levará mais tempo, mas é inevitável, pois as marcas buscam atender às expectativas dos clientes, prever a demanda futura e trabalhar com mais eficiência, principalmente remotamente.

Seja qual for sua transformação digital no varejo, ela deve ter uma base sólida. Quer seu foco seja o gerenciamento de dados do cliente, o maior produto, o inventor ou a visibilidade do pedido, avalie o ROI (*return over investment* – retorno sobre o investimento) e os riscos associados a cada iniciativa.

Se você está procurando implementar uma transformação do negócio de varejo, pense globalmente. Não é um simples aplicativo da *web*, mas uma experiência imersiva integrada em todos os seus canais digitais e físicos. Não se trata apenas de um *site* de comércio eletrônico, mas também de opções de estoque, cadeia de suprimentos, gerenciamento de pedidos, *checkout* e remessa aprimorados. Quando a transformação digital é uma parte integral e inseparável de seu negócio, todos, incluindo seus clientes, vão notar (Mason; Knigths, 2019).

3.5
Maneiras de promover novos produtos e serviços no varejo digital

Mais do que nunca, os vendedores são pressionados a superar seus concorrentes para obter uma parcela maior de clientes. Mas os clientes de varejo não ficam sentados em um só lugar: seus gostos, suas expectativas e suas jornadas de compras estão evoluindo. Além de acompanhar essas tendências, o varejo não pode se esquecer de agilizar processos internos, ampliar relacionamentos e reduzir despesas (Rogers, 2017).

Qualquer recurso que você deseja implementar é fundamental estar atento aos dados, para prever a demanda e reagir rapidamente a novas oportunidades. Conforme surgem diferentes maneiras de conectar o *software* e aumentar a transferência de dados, nunca houve melhor momento para controlar tudo. As integrações ajudam as empresas de varejo a compreender todos os aspectos desse processo, desde o gerenciamento de estoque até a produtividade da equipe.

Vários recursos ajudam na promoção dos produtos no varejo digital. Para exemplificar, existem recursos que são desenvolvidos especificamente para as necessidades de B2B, entretanto, em alguns casos, são flexíveis e personalizáveis para qualquer necessidade de negócios (Mason; Knigths, 2019).

A melhor maneira de promover seu novo produto ou serviço dependerá dos canais que seu público frequenta e de quais são seus comportamentos *on-line*. Independentemente disso, você deve usar vários canais e fazer promoção cruzada.

Quanto mais coesa e consistente for sua mensagem e quanto mais seu público aprende sobre ela, mais engajamento você pode esperar. Experimente as estratégias descritas para obter os resultados desejados no próximo lançamento de produto, atualização de *software* ou nova oferta de serviço.

Seguindo as etapas a seguir, sugeridas por Mason e Knigths (2019), listamos algumas maneiras eficazes de promover serviço ou produto, já existentes ou novos:

» **Prévias exclusivas**: seus clientes fiéis são uma parte fundamental de como promover seu produto ou serviço, porque eles têm maior probabilidade não apenas de comprá-lo, mas também de promovê-lo em suas redes.

» **Promoções do Google Negócios**: existem várias maneiras de promover seu novo produto ou serviço usando seu perfil do Google Negócios, desde que você tenha uma conta. As postagens do Google Negócios expiram, então, você precisará postar novamente.

» **Ofertas introdutórias**: em vez de apenas anunciar seu novo produto ou serviço, você pode disponibilizá-lo como parte de um acordo introdutório especial. Esse negócio pode assumir várias formas, incluindo: preços com desconto; pacote ou pacote com taxa reduzida; promoção conjunta com negócio complementar; *voucher* ou cupom com compra; compre um e ganhe outro grátis; dobre os pontos se você tiver um programa de fidelidade; presente grátis para cada referência. Independentemente da promoção, certifique-se de deixar claro, que ela não durará para sempre. Os clientes cujo poder de compra é limitado, seja por tempo, seja por estoque, sentirão uma sensação mais premente de urgência para comprar.

» **E-mail marketing**: o e-mail é um dos canais mais consistentes, não há necessidade de gastar todo o seu tempo escrevendo e enviando *e-mails*. Facilite para você configurando uma coleção de campanhas de *e-mail* automatizadas, que são projetadas para aumentar sua receita.

» **Ofereça um *upgrade***: se sua empresa é mais baseada em serviços do que em produtos, como um salão de beleza, um *spa*, uma academia ou empresa de consultoria, você pode oferecer um *upgrade* para que os clientes experimentem seu novo serviço.

» **Compartilhe comentários de clientes**: uma das melhores maneiras de promover um novo produto ou serviço é permitir que seus clientes o promovam para você. Se você tirar proveito de algumas das ideias mencionadas anteriormente (como oferecer uma atualização ou avaliação gratuita), poderá pedir que eles escrevam uma revisão *on-line* do novo serviço ou forneçam material para um depoimento.

» **Otimização do mecanismo de pesquisa**: embora demore um pouco para começar, a pesquisa oferece uma das poucas oportunidades de criar um tráfego da *web* composto e previsível. Uma estratégia de pesquisa eficaz envolve uma série de etapas, desde encontrar um nome de domínio, formar uma estratégia de palavra-chave, conduzir uma pesquisa de palavras-chave mais granular, otimizar a arquitetura e o desempenho de seu *site* (por exemplo, páginas de categoria), até construir *links* para seu *site*. Não é simples, mas você pode lutar em segundo plano conforme sua loja começa a ganhar força.

» **Postagens nas redes sociais:** se você estiver usando qualquer uma das táticas mencionadas anteriormente para promover seu novo produto ou serviço, espalhe seus negócios e ofertas por meio de suas contas de mídia social. Essa é uma maneira fácil de alcançar seu público e seus seguidores podem compartilhar sua postagem em seus próprios perfis.

» **Anúncios em redes sociais** (Facebook, Instagram, LinkedIn, Twitter): a publicidade das redes sociais é uma janela para uma grande base de pessoas que estarão interessadas em seu novo produto ou serviço. É preciso analisar os custos empregados e, principalmente, qual público que você deseja atingir.

Existem muitas maneiras de promover produtos *on-line*, porém encontrar as melhores não significa apenas selecionar a plataforma certa, mas também aprender como maximizar seus resultados. Independentemente do método que você usa, esforce-se para permanecer relevante. Você sempre superará a concorrência. Perceba que as promoções precisam de monitoramento e aprimoramento contínuos para obter o melhor retorno (Mason; Knigths, 2019).

Vívian Ariane Barausse de Moura

capí-
tulo
4

Introdução às tecnologias para o varejo digital

À medida que a tecnologia avança, mais ela se integra ao nosso dia a dia. Mesmo agora, lendo este livro, arriscaríamos supor que você tem, pelo menos, um dispositivo conectado à internet ao seu alcance. Conforme vamos utilizando os recursos tecnológicos, sua importância fica mais evidente, e o que fazemos tanto *on-line* quanto *off-line* começa a se alinhar.

À medida que as pessoas mudam seu comportamento, todos os segmentos, nesse caso em específico o varejo, precisam reagir. Com foco no cliente, em vez de pensar em uma experiência na loja física, uma experiência no *desktop*, uma experiência móvel, uma experiência em *tablet*, é necessário buscar uma abordagem holística. Em outras palavras, uma experiência *omnichannel* para que os clientes possam usar quando quiserem.

4.1
Omnichannel

Você provavelmente já ouviu e leu a palavra *omnichannel* muitas vezes, seja em suas reuniões de vendas, seja em seu *blog* favorito. Ocasionalmente, você mesmo pode tê-la usado. No entanto, quando a palavra é muito utilizada em vários contextos, pode ficar confuso o que as pessoas realmente querem dizer com ela.

Para entendermos o conceito de *omnichannel* e suas possibilidades de aplicação, é necessário refletir sobre a transição do varejo tradicional para o varejo digital e compreender os canais de vendas, como mostra a Figura 4.1, que representa a lógica do *omnichannel*.

Figura 4.1 – Lógica do *omnichannel*

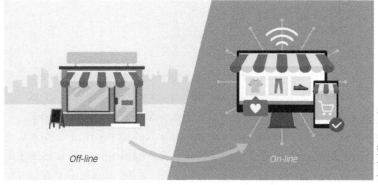

Um canal de vendas é o que encontramos no modelo de varejo tradicional, que se concentra em uma venda de canal único, com base no sistema de distribuição única, ou seja, os varejistas possuem apenas lojas físicas (*off-line*) ou lojas virtuais (*on-line*).

A estratégia *omnichannel* se baseia na utilização simultânea e interligada de diferentes canais de comunicação, com o objetivo de estreitar a relação entre *on-line* e *off-line* para melhorar a experiência do cliente (Binnie, 2018).

A palavra é formada pelo prefixo *omni*, que, em latim, significa "tudo, todo". Em tradução livre, seu significado mais próximo seria "todos os canais". No entanto, isso não é suficiente para entender o poder e o alcance desse termo. Quando nos limitamos apenas à semântica da palavra, podemos confundir *omnichannel* com *cross chanel*, ou *multichannel* (aqui vamos utilizar multicanal).

Todos eles se relacionam com a experiência do usuário com os canais oferecidos pelas empresas. Portanto, eles podem transmitir a falsa ideia de ter o mesmo significado.

Para evitar que isso aconteça, utilizaremos a abordagem de Mason e Knigths (2019) e veremos cada um dos termos separadamente, com suas respectivas definições e exemplos. Confira!

Canal único significa que você está vendendo seu produto por meio de apenas um canal de vendas. Pode ser sua loja física, sua loja virtual ou um mercado *on-line*. Só isso pode funcionar perfeitamente bem. Mas, se você deseja oferecer a seus clientes uma experiência mais rica com sua marca, é aconselhável procurar canais adicionais onde você possa vender seu produto.

O prefixo *multi* significa "muito" ou "muitos", portanto **multicanal** refere-se a muitos canais. Um exemplo dessa estratégia é quando uma empresa oferece um *site*, um aplicativo e lojas físicas como canais de compra. No entanto, eles não estão conectados. Os vendedores que trabalham na loja física desconhecem as compras feitas pelo aplicativo e/ou pelo *site* e vice-versa. Há competição entre os canais de compra e não há troca de informações entre eles.

Em uma estratégia **cross channel**, os canais de uma empresa podem interligar-se da seguinte forma: o cliente pode comprar um item *on-line*, no *site*, e retirá-lo em uma loja física. Nesse modelo, não há competição entre os canais porque eles se complementam. Em outras palavras, você vende seu produto para seus clientes em diferentes canais, tanto *on-line* quanto *off-line*, e interage com eles por meio das redes sociais, por telefone e em sua loja física. Sua presença *on-line* é pontual e seus clientes sabem onde encontrá-lo. É uma ótima estratégia para fazer com que as pessoas se envolvam com sua marca.

Como já citado, o prefixo *omni* significa "todos". *Omnichannel*, portanto, é quando todos os canais de uma empresa estão conectados. O cliente pode usar o aplicativo da marca enquanto estiver dentro da loja para verificar se o produto específico que deseja está disponível. Se encontrá-lo pelo aplicativo, pode fazer um pedido com um dos vendedores da loja física e optar pela entrega em casa. Todas as opções de compra estão interconectadas simultaneamente. Com todos os canais conectados, que estão representados na Figura 4.2, um canal ajuda o outro a oferecer uma experiência de compra cada vez melhor e a fortalecer ainda mais as relações *on-line* e *off-line*.

Figura 4.2 – Representação *omnichannel*

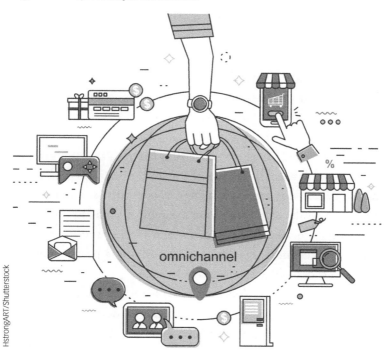

HstrongART/Shutterstock

4.1.1
O que é a experiência *omnichannel*?

A estratégia de transformar as compras em uma experiência única e cada vez mais prática é um desafio que várias empresas buscam superar, porque os consumidores são mais exigentes e desejam mais comodidade.

Oferecer canais *on-line* de compras e relacionamento com o cliente não é mais uma novidade, mas uma exigência para marcas que pretendem sobreviver em um mercado tão competitivo.

Como vimos, o *omnichannel* oferece uma experiência de compra nova e mais completa para o usuário – por isso esse termo é usado com tanta frequência ultimamente. Mesmo que algumas empresas já pratiquem, essa estratégia ainda é relativamente recente e pode ser o diferencial que um negócio precisa para se destacar em relação à concorrência.

Embora existam defensores de que o *omnichannel* parece ser uma extensão do multicanal, as duas estratégias são modelos de varejo muito distintos e separados. Usando multicanais, os varejistas adotam tantos canais quanto possível, mas os gerenciam separadamente.

Por outro lado, o varejo *omnichannel* oferece às empresas um gerenciamento de dados totalmente centralizado para a sincronização dos canais existentes, não importa se eles empregam uma alocação de estoque separada ou uma estratégia de estoque compartilhado. Portanto, o varejo *omnichannel* oferece aos clientes uma experiência de compra perfeita ao desfocar todas as fronteiras entre os canais.

Além disso, a estratégia multicanal é lançada em prol dos varejistas para que possam vender o maior número de produtos possível, visto que a centralização no cliente é o núcleo principal do varejo *omnichannel*.

Isso significa que os varejistas devem "pensar como os clientes pensam" para otimizar a experiência do cliente. Os negócios *omnichannel* visam aos compradores de longo prazo, o que significa que eles se concentram mais em melhorar a lucratividade do cliente, em vez de apenas aumentar as vendas.

Vivenciamos a transformação em um novo mundo da cultura de varejo *omnichannel*, caracterizada por uma nova geração de consumidores.

4.1.2
Você está pronto para o *omnichannel*?

Agora que você sabe mais sobre a estratégia *omnichannel* e suas vantagens, vamos aprender como aplicá-la em seu negócio. Como já abordamos, o objetivo é aumentar a satisfação do cliente. Para superar esse desafio, o primeiro passo visa que sua empresa entenda melhor as demandas desses clientes e ofereça algo realmente valioso e adequado.

Em seguida, será possível passar para a próxima etapa. Com os canais definidos, é necessário personalizá-los de acordo com as informações obtidas na elaboração da persona. Essa integração significa alinhar os ambientes *on-line* e *off-line* para que não haja brechas para o usuário e, claro, entre as áreas de sua empresa (vendas, *marketing*, suporte etc.). Só então será possível oferecer uma verdadeira experiência *omnichannel* (Mason; Knigths, 2019).

Depois disso, é hora de testar tudo o que já foi feito. Além de verificar o funcionamento, é necessário avaliar a qualidade da integração e dos canais. Para isso, peça ajuda a pessoas que tenham um perfil alinhado aos de seus consumidores – afinal, tudo que você fez foi pensando para o consumidor – para testar as implementações.

Seguindo essas etapas, você pode reduzir os riscos e as falhas de sua estratégia *omnichannel* e, ainda, descobrir se alguma mudança é necessária antes de lançá-la no mercado.

Acompanhar a constante mudança não é fácil, entretanto, cada vez mais as marcas estão explorando os benefícios do *omnichannel*. Mudar a estrutura de um varejo de canal único ou multicanal para *omnichannel* exige tempo e esforço. Mas valerá a pena.

Mason e Knigths (2019) apresentam uma rápida recapitulação das diferenças entre o comércio de canal único, de multicanal e de *omnichannel*:

> » O comércio de canal único vende por meio de um canal de vendas, por exemplo, como um negócio apenas em loja física ou apenas na *web*.
>
> » O comércio multicanal opera em vários canais, tanto *on-line* quanto *off-line*.

> » O comércio *omnichannel* conecta os pontos entre todos os canais, oferecendo aos clientes uma experiência perfeita em todas as plataformas.

Integrar todos os canais e oferecer uma excelente experiência ao cliente é um grande desafio. Por essa razão, além de contar com tecnologia para essa integração, é preciso conhecer profundamente o negócio e acompanhar de perto todos os setores. Some-se a isso o desafio da satisfação do cliente, um ponto delicado que envolve suas expectativas e opiniões sobre sua empresa. Mesmo sendo um grande desafio, se bem desenhado, pode trazer resultados incríveis para seu negócio e um diferencial no mercado.

4.2
Internet das coisas

Kevin Ashton, pesquisador Massachusetts Institute of Technology (MIT), mencionou, pela primeira vez, a internet das coisas em uma apresentação que fez à Procter & Gamble (P&G), em 1999. Quando abordava a ideia de se etiquetar eletronicamente os produtos da empresa, por meio de identificadores de radiofrequência (RFID), chamando a atenção da alta administração da P&G, Ashton utilizou a expressão *internet das coisas* para incorporar a nova tendência legal de 1999: a internet.

O livro do professor Neil Gershenfeld do MIT, *When Things Start to Think*, também apareceu em 1999. Não usava o termo exato, mas fornecia uma visão clara de para onde a IoT – *Internet of Things*, traduzido como "internet das coisas", estava indo (Sinclair, 2018).

Desde então, a IoT evoluiu a partir da convergência de tecnologias sem fio, sistemas microeletromecânicos (MEMSes), e internet. A convergência ajudou a derrubar barreiras entre a tecnologia operacional e a tecnologia da informação, possibilitando que dados não estruturados gerados por máquina sejam analisados em busca de *insights* para impulsionar melhorias.

É importante destacar que, embora Ashton tenha feito a primeira menção à internet das coisas, a ideia de dispositivos conectados existe desde os anos 1970, sob os nomes de internet incorporada e computação pervasiva.

O primeiro aparelho utilizando a internet, por exemplo, foi uma máquina de Coca-Cola no Carnegie Mellon University, no início dos anos 1980. Usando a *web*, os programadores podiam verificar o *status* da máquina e determinar se haveria uma bebida gelada esperando por eles, caso decidissem ir até a máquina.

A IoT é a evolução da comunicação M2M, ou seja, máquinas que se conectam entre si por meio de uma rede sem interação humana. A comunicação M2M refere-se a conectar um dispositivo à nuvem, gerenciá-lo e coletar dados. Levando M2M para o próximo nível, a IoT é uma rede de sensores de bilhões de dispositivos inteligentes que conectam pessoas, sistemas e outros aplicativos para coletar e compartilhar dados. Como base, o M2M oferece a conectividade que permite a IoT (Sinclair, 2018).

A internet das coisas também é uma extensão natural do controle de supervisão e aquisição de dados, também conhecido como sistema *Scada*, uma categoria de programas de *software* para controle de processos, a coleta de dados em tempo real de locais remotos para controlar equipamentos e condições.

Os sistemas Scada incluem componentes de *hardware* e *software*. O *hardware* coleta e alimenta os dados em um computador que tem o *software* Scada instalado, no qual são processados e apresentados em tempo hábil. A evolução do Scada é tal que os sistemas Scada de última geração se desenvolveram em sistemas IoT de primeira geração (Sinclair, 2018).

O conceito de ecossistema da IoT, no entanto, não entrou realmente em vigor até meados de 2010, quando, em parte, o governo da China disse que faria da IoT uma prioridade estratégica em seu plano de cinco anos.

A internet das coisas (IoT) refere-se a um sistema de objetos inter-relacionados e conectados à internet que são capazes de coletar e transferir dados em uma rede sem fio sem intervenção humana.

As possibilidades pessoais ou empresariais são infinitas. Uma "coisa" pode referir-se a um dispositivo médico conectado, um *transponder biochip* (pense em animais), um painel solar, um automóvel conectado com sensores que alertam o motorista sobre uma miríade de problemas possíveis (combustível, pressão dos pneus, manutenção necessária e muito mais), ou qualquer objeto, equipado com sensores, que tem a capacidade de coletar e transferir dados em uma rede (Sinclair, 2018). Essa coleta e a transferência ocorrem de diversas maneiras, cujas representações estão ilustradas na Figura 4.3.

Figura 4.3 – Coleta e transferência de dados

Atualmente, as empresas utilizam a IoT com perspectivas de aumentar a receita, reduzir custos operacionais e melhorar a eficiência. Independentemente dos motivos, as implantações de dispositivos IoT fornecem os dados e os *insights* necessários para otimizar fluxos de trabalho, visualizar padrões de uso, automatizar processos, atender aos requisitos de conformidade e competir com mais eficácia em um ambiente de negócios em constante mudança.

Nosso planeta tem mais dispositivos conectados do que pessoas. A IoT transformará a maneira como empresas, governos e humanos interagem com o resto do mundo conectado.

Mas, como acontece com qualquer nova tecnologia, existem problemas com a IoT. As preocupações incluem aceitação, custo, conectividade, segurança e muito mais. À medida que muitos novos jogadores entram em campo, os padrões ainda estão sendo definidos. Entretanto, mesmo com esses desafios, os objetivos finais da IoT são muito promissores.

Conforme novas tecnologias e estratégias de conectividade chegam ao mercado, a inovação da IoT continuará a evoluir, promovendo a transformação de objetos não conectados em dispositivos inteligentes conectados. Essa tendência afetará indústrias de todos os tipos, bem como nossas vidas pessoais.

Por que a IoT é importante? Porque torna as cidades conectadas mais seguras; rastreamento de ativos mais econômico; cuidados de saúde mais personalizados; e o consumo de energia mais eficiente. Vejamos, a seguir, a Figura 4.4.

Figura 4.4 – Lógica de internet das coisas

4.3
A internet das coisas na expansão do comércio eletrônico

O advento dos dispositivos da internet das coisas (IoT) trouxe consigo uma mudança correspondente no espaço do comércio eletrônico, uma vez que o estilo de vida do consumidor continua mudando e se tornando mais adaptável. Da mesma forma, a taxa crescente de adoção da internet pelos compradores *on-line* tem visto o comércio eletrônico crescer de forma constante e deve ser o futuro do varejo, já que a maior parte do crescimento está acontecendo no espaço digital.

Os varejistas também estão se preparando para adotar a internet das coisas em uma tentativa de melhorar a experiência dos consumidores em todo o mundo. Isso só mostra que os setores de comércio eletrônico e varejo precisam estar no topo das tendências no espaço do *marketing* digital para se manterem lucrativos e competitivos (Rogers, 2017).

Mas como o comércio eletrônico pode ganhar muito com a IoT? Quais mudanças estão ocorrendo ou sendo adotadas atualmente e como isso muda o comércio eletrônico? As empresas de comércio eletrônico serão capazes de causar um impacto em suas operações e atrair consumidores em potencial?

Listamos, a seguir, algumas das maneiras mais promissoras pelas quais o comércio eletrônico pode ganhar com a IoT:

» **Melhorar o rastreamento e logística**: com a IoT, os varejistas obtêm maior visibilidade sobre o processo de atendimento de pedidos, para que possam atender às demandas dos consumidores que compram mais *on-line*. A tecnologia da IoT oferece aos varejistas de comércio eletrônico o benefício de rastrear os pedidos dos clientes desde o momento em que eles são feitos até o segundo em que chegam à porta da casa do cliente. Os varejistas, agora, podem rastrear cada peça de estoque por meio de sistemas de gerenciamento, de modo que localizem automaticamente as mercadorias, independentemente de onde estejam.

Tecnologias baseadas em nuvem, como GPS e RFID (*Radio Frequency Identification*), também oferecem aos varejistas dados como *status* de tráfego, clima, localização e identidades de pessoal, tornando o gerenciamento de logística mais eficiente.

Também ajuda a automatizar o envio e a entrega para eliminar problemas de remessas perdidas, ao mesmo tempo em que otimiza as rotas dos veículos, como mostra a Figura 4.5.

Figura 4.5 – Lógica do *delivery*

Golden Sikorka/Shutterstock

» **Gerenciamento automatizado de estoque:** os varejistas de comércio eletrônico gostam de ter controle sobre os itens que entram e saem de seus depósitos para saber o que está entrando e saindo do estoque.

Com ferramentas como sensores IoT e etiquetas RFID instaladas em sistemas de estoque, as operações de negócios podem ser muito mais fáceis, e os varejistas não precisam contratar gerentes de loja para verificar físicamente as mercadorias, pois obtêm informações em tempo real sobre seu estoque.

Dessa forma, a IoT beneficia o comércio eletrônico, uma vez que coleta e envia dados novos e relevantes sobre os itens para os sistemas ERP. Também reduz o erro humano na avaliação do estoque e no pedido de itens. Além disso, com prateleiras inteligentes e sensores de monitoramento de temperatura, os varejistas podem não apenas rastrear o estoque, mas também verificar as temperaturas ideais para itens perecíveis e receber alertas instantâneos quando necessário.

» **Melhora as relações entre fabricantes e consumidores finais:** a IoT garante que um bom relacionamento seja estabelecido por meio dos aparelhos conectados, de modo que os fabricantes de bens duráveis e os clientes tenham um relacionamento de longo prazo. Por exemplo, os fabricantes de impressoras podem oferecer substituições de cartuchos das próprias impressoras. Assim, a marca permanece na mente dos consumidores ao longo da vida do produto. Da mesma forma, a IoT pode fornecer novos fluxos de receita para varejistas, criando novos modelos de negócios, a exemplo da oferta de serviços contínuos, como manutenção preditiva, monitoramento remoto e análise de desempenho para produtos específicos.

» **Informações e ações personalizadas:** a IoT também reúne dados pessoais e de marcas para oferecer experiências mais personalizadas. Dessa forma, os varejistas de comércio eletrônico podem aproveitar as conexões do consumidor para oferecer informações e ações mais personalizadas, ao mesmo tempo em que entrelaçam os dados para personalizar ainda mais suas experiências para as famílias e cada membro.

Um bom exemplo é quando um carro está conectado e o motorista recebe ofertas sob medida para ele. Alternativamente, uma família com uma geladeira inteligente pode receber experiências personalizadas de acordo com suas preferências.

À medida que os profissionais de *marketing* digital obtêm acesso a mais dados e informações sobre o comportamento do consumidor, eles podem usá-los para atrair mais seus clientes e influenciar suas decisões de compra na jornada do cliente.

Figura 4.6 – Personalizando recursos digitais

Desenvolvimento de IoT   *Sites* corporativos   Rich Internet application (RIA)

» **Sites de comércio eletrônico orientados para IoT**: a tendência de compras *on-line* aumentou e, com ela, vem a pressão sobre os varejistas para garantir que a experiência do usuário seja facilitada.

Com a IoT, os varejistas precisam descobrir como usar os dados que vêm de diferentes fontes e dispositivos, respondendo não apenas a dispositivos inteligentes como telefones ou *iPads*, mas também a outros objetos conectados. Assim, os varejistas podem criar *sites* responsivos que aproveitam ao máximo a IoT para aprimorar a experiência do usuário *on-line*.

» **Processos de compras automatizados**: com a IoT, os *checkouts* automatizados agora estão se tornando uma realidade, como o que o Amazon Go está apresentando.

Isso significa que o processo de compra torna-se automatizado para que os clientes entrem, comprem e saiam com o custo cobrado em seus *smartphones*.

Além disso, no futuro, os sistemas preditivos saberão quando os clientes estão prontos para ir às compras e embalar os produtos para que eles coletem com base em suas listas de compras. Depois de enviarem os detalhes dos produtos que desejam comprar para as máquinas de venda automática, tudo o que fazem é retirá-los do *drive* e estão prontos para partir.

4.4
O que considerar antes de aplicar IoT ao seu negócio de comércio eletrônico

Antes de aplicar a tecnologia IoT ao seu negócio de comércio eletrônico, você precisa empregar estratégias específicas que garantirão mais satisfação e experiências para seus clientes. De acordo com Binnie (2018), essas estratégias incluem:

» Seleção de plataformas adequadas às suas necessidades.

» Parceria com outras empresas para obter os dados desejados do cliente e melhorar o *marketing*. O papel dos aplicativos de inteligência artificial pode ser adicionado à análise de dados e à maneira como você persegue clientes em potencial.

» Fornecimento de medidas de segurança adequadas para os clientes com vistas a evitar problemas legais.

» Comunicação clara com os clientes sobre seus dados e informações, além de como você os usará.

Por mais que haja crescimento no comércio eletrônico em razão do surgimento de tecnologias de IoT, definitivamente, existem alguns desafios que vêm com ele, mas essas oportunidades fazem valer a pena. Quem utiliza o comércio eletrônico precisa ter em mente que o ecossistema da IoT trata fundamentalmente de coisas conectadas à internet.

Portanto, o comércio eletrônico habilitado pela IoT é menos uma revolução e mais uma evolução. O potencial da tecnologia IoT aumentará significativamente o comércio eletrônico à medida que mais dispositivos vão ganhando recursos inteligentes e se conectando.

4.5
Gôndola virtual

Com as mudanças sem precedentes pelas quais o setor de varejo passa, certas tecnologias surgiram como ferramentas poderosas para ajudar as marcas a oferecer a experiência ao cliente, conforme podemos visualizar na Figura 4.7.

Figura 4.7 – Exemplos de gôndolas físicas

Possivelmente, ao ler a palavra *gôndola*, você associou as gôndolas com as quais já teve alguma experiência de compra. Agora, convidamos você a transpor isso para associar o físico com o virtual: Como será que funciona? Vamos lá.

Para elucidar nosso tema, reproduzimos, a seguir, uma reportagem de uma aplicação de gôndola virtual realizada no Metrô em São Paulo:

Metrô tem gôndola virtual de mercado que permite compra pelo celular

Serviço está disponível nas estações Faria Lima e Butantã, em SP.
Compras são enviadas para a casa do consumidor; frete vai até R$ 15.

Nesta semana, quem passa pelas estações Faria Lima ou Butantã, ambas da linha amarela do metrô de São Paulo, encontraram uma gôndola de supermercado virtual que permite, por meio de um aplicativo, que o usuário faça compras usando o celular.

Para isso, basta que escanear códigos dispostos junto aos produtos. As compras serão enviadas para a casa do consumidor, segundo informou a empresa Mercode, responsável pela ação.

"O objetivo é quebrar paradigmas, mostrar às pessoas que não é preciso gastar duas horas e se locomover pela cidade para fazer compras de supermercado. O futuro chegou para este setor. Você tem acesso a produtos de muitas lojas na palma de sua mão", afirma o sócio da Mercode Fabio Campos.

A Mercode explica que os clientes podem escolher entre dezenas de lojas, que incluem supermercados, açougues, lojas de produtos naturais, empórios e pet shops.

O aplicativo de compras está disponível para os sistemas Android e iOS. Também é possível comprar pelo computador, acessando o site do Mercode. O frete varia entre R$ 5 e R$ 15.

Hoje, a maioria das lojas opera na cidade de São Paulo, dependendo do CEP em que o cliente pede a entrega. No entanto, a empresa afirma já ter começado seu processo de expansão para outros estados.

Essa não é a primeira vez que o consumidor encontra à disposição vitrines virtuais. Em 2012, o supermercado Pão de Açúcar lançou uma vitrine com mais de 300 itens no Shopping Cidade Jardim, na capital paulista.

Fonte: G1, 2015.

Analisando a reportagem, verificamos um exemplo de compra utilizando a gôndola virtual, na qual o cliente, por meio dos artefatos disponíveis, seleciona seu produto, efetua a compra e indica o endereço de entrega. Trata-se de painéis que simulam as gôndolas dos supermercados, apresentam as imagens e os preços dos produtos aos consumidores para que estes aproveitem a ocasião e comprem aproximando o visor do celular ao item desejado e fazendo o pagamento, de modo que as compras sejam entregues no endereço escolhido.

A tecnologia possibilita que a realidade do varejo chegue a locais de grande circulação, mas que não comportam uma estrutura física com todos os produtos, oferecendo grande visibilidade a qualquer marca.

Além da possibilidade de compras pelas gôndolas virtuais, as compras virtuais preenchem a lacuna entre *on-line* e loja, trazendo conexão humana para experiências de comércio eletrônico. O resultado é uma verdadeira experiência *omnichannel*. Um funcionário que trabalha na loja, em casa ou no escritório central pode conectar-se instantaneamente por texto, bate-papo ou vídeo com clientes *on-line*.

Por meio dessa conexão em tempo real, os compradores podem fazer perguntas, visualizar produtos e obter recomendações de um especialista em produtos enquanto também navegam em todo o catálogo *on-line* de produtos (Mason; Knigths, 2019).

Uma vitrine virtual é o cartão de visita de qualquer *e-commerce*. Se você tem um negócio na internet, sabe que isso é fundamental para sua loja *on-line* – essa funcionalidade está disponível em plataformas de *e-commerce*. Principalmente se for uma vitrine virtual inteligente, ou seja, que tenha capacidade de customização, apresentando os produtos mais relevantes para cada cliente (Mason; Knigths, 2019).

A vitrine virtual autônoma independente personaliza a experiência de compra do usuário de maneira automática, sem a necessidade de um profissional para fazer as análises e configurações. É a inteligência artificial (IA) que faz tudo!

Se você tem vitrines inteligentes em sua loja *on-line*, sabe que a capacidade de personalização de vitrines influencia diretamente a qualidade da experiência do cliente. Isso porque funciona como um vendedor virtual que sabe exatamente o que é mais relevante para cada consumidor e recomenda os produtos com maiores chances de compra. Além disso, com a customização, é possível saber quais vitrines virtuais mostrar para cada usuário e, até mesmo, o local ideal onde devem ser instaladas.

Mason e Knigths (2019, p. 122, tradução nossa) citam os exemplos:

> "Mais vistos", "Mais comprados", "Recomendado para você" e "O que os outros estão comprando". A variedade de vitrines virtuais é enorme, mas o que é interessante para uma pessoa pode não ser para outra. Bem como a posição em que são distribuídos: "Recomendado para você" na página inicial? "Mais vistos" nos produtos? Enfim, tudo é analisado e organizado de acordo com o grau de atratividade de cada pessoa.

O sistema de recomendação auxilia as vendas na loja virtual. Se você tem janelas de recomendação no *e-commerce*, é importante saber que essa customização não é tão simples e rápida. As pessoas mudam de interesse o tempo todo, principalmente na internet, onde há tanta informação, enquanto as revisões e as atualizações do sistema de recomendação, por sua vez, são muito mais lentas.

Vitrine virtual personalizada sem inteligência artificial

Em um sistema de recomendação sem inteligência artificial, as coisas demoram muito para acontecer, pois são necessários vários profissionais para cada ação: um para configurar a ferramenta; outro para analisar o desempenho das janelas em cada posição; e outro para trocar de lugar, se necessário.

Normalmente, são realizados testes A/B[1], nos quais as vitrines virtuais estão mudando de posição. Somente após a realização desses testes é possível identificar qual das vitrines mais converteu em cada ponto e decidir em quais posições cada uma deve ser fixada.

É um processo extenso, como você pode imaginar, que demora um pouco para ser concluído e, mais ainda, para ser refeito se houver necessidade de atualização (e sempre há, pois as coisas na internet mudam o tempo todo).

Vitrine virtual personalizada com inteligência artificial

Quando a personalização das vitrines virtuais é feita por um sistema de recomendação baseado em inteligência artificial, tudo é mais ágil e eficiente, pois as análises são realizadas por inteligência.

As vitrines virtuais são organizadas e posicionadas na loja de modo automático, sem a necessidade de profissionais específicos para isso. A inteligência analisa a navegação de cada usuário em tempo real e, com isso, é capaz de reconhecer quais

---

1 Teste A/B é um método de teste de *design* por meio do qual são comparados elementos aleatórios com duas variantes, A e B, em que estes são o controle e o tratamento de uma experiência controlada, com o objetivo de melhorar a percentagem de aprovação.

são as janelas e os itens mais relevantes para cada pessoa e até mesmo onde as janelas terão maior capacidade de conversão.

Mas as análises são feitas o tempo todo e, se a IA perceber que determinada janela não está convertendo muito bem, imediatamente coloca outra em seu lugar.

Manipula e monitora o desempenho das vitrines virtuais de maneira autônoma e constante, sempre com o foco em obter o máximo de conversão dentro das lojas virtuais.

Além de muito mais rápidas e práticas, as vitrines virtuais autônomas também são mais econômicas, pois não há a necessidade de pagar mão de obra para controlá-las. Com elas, é possível personalizar e a elevar experiência de compra dos clientes, o que os faz permanecer mais tempo no *site* e acessar mais páginas por sessão.

4.6
Beacon technology

Rogers (2017) chama nossa atenção para o fato de que, quando se trata de tecnologia, há muitas coisas com as quais interagimos todos os dias que nem mesmo questionamos, como ligar um carro com um toque de botão, o sinal de Wi-Fi permitindo instantaneamente a navegação na internet, controle de ar-condicionado de maneira remota, são muitas ações e dispositivos se conectando a tecnologia digital e suas possibilidades.

Alguns desses dispositivos são os chamados *beacons* e, quando combinados com outras tecnologias, podem resolver muitos problemas para os usuários, atendendo clientes nos setores de viagens, hotelaria, transporte, notícias, varejo ou qualquer outro.

O que é a tecnologia *beacon*?

Os dispositivos de *beacon* são pequenos transmissores sem fio que usam tecnologia *bluetooth* de baixa energia para enviar sinais a outros dispositivos inteligentes próximos. Parte dos sistemas de posicionamento interno e externo e das redes da internet das coisas (IoT), os *beacons* usam tecnologia de proximidade para detectar a presença humana nas proximidades e disparar ações predefinidas para fornecer experiências informativas, contextuais e personalizadas (Sinclair, 2018).

Cada *beacon* tem uma ID exclusiva composta por números e letras e as informações de identificação são transmitidas pelo *bluetooth* várias vezes a cada segundo. Se você nunca viu um *beacon* antes, eles são dispositivos bastante simples e consistem em apenas três partes: baterias, uma unidade de processamento central (CPU) e o rádio.

Todos os *beacons* são BLE, que significa *bluetooth* de baixa energia (você também pode ter visto isso como BTLE). Isso é especialmente importante porque o uso de menos energia significa que os *beacons* podem ser usados ativamente por longos períodos, muitas vezes anos sem trocar a bateria. Se você ouvir BLE com relação a *beacons bluetooth*, saiba que todos os beacons relacionados ao *bluetooth* são tecnicamente considerados *beacons* de baixa energia.

Alguns *beacons* têm mais peças do que outros, mas você não precisa ser mais sofisticado do que isso para ter um dispositivo em funcionamento. O Unique ID é transmitido para um receptor (como um telefone), e o *software* nesse receptor (como um aplicativo) pode fornecer conteúdo personalizado para esse *beacon*. Por exemplo, se uma loja estava anunciando vendas específicas de uma parte da loja, ela poderia alterar o conteúdo para ser específico para aquela parte da loja. Nesse sentido, se um varejista popular instalasse balizas na entrada de sua loja, eles poderiam mostrar informações de vendas relevantes para determinada estação; o ID exclusivo é transmitido do *beacon* não mudaria, mas o conteúdo que o aplicativo fornece, sim (Sinclair, 2018).

Existem muitos tipos diferentes de *beacons bluetooth* por aí, mas as configurações mais populares são iBeacons, ou *beacons* Eddystone. O iBeacon foi criado pela Apple e o Eddystone pelo Google. Além de quem faz os beacons, o principal diferencial são os IDs exclusivos que são transmitidos e como funcionam seus recursos de segurança.

O ID exclusivo do iBeacon tem um pacote de publicidade que contém três componentes diferentes e os *beacons* Eddystone têm vários tipos diferentes de pacotes de publicidade que podem circular para fornecer mais segurança (Sinclair, 2018).

A Figura 4.8 é uma ilustração da tecnologia *beacon*.

Figura 4.8 – Tecnologia *beacon*

Photographicss/Shutterstock

Como funcionam os *beacons*

Quando um usuário passa por uma área na qual um sistema de posicionamento ou rede IoT com *beacons* está configurado, o *beacon* mais próximo envia um código com uma mensagem para seu dispositivo móvel. Em seguida, a mensagem aparece como uma notificação no dispositivo móvel de um usuário com um aplicativo móvel de terceiros ou de marca.

Você precisa de três coisas para fazer um sistema baseado em *beacon* funcionar:

1. pelo menos, mais um dispositivo *beacon*;
2. aplicativo móvel;
3. permissão do usuário.

As ofertas de tecnologia de *beacon*, geralmente, consistem em um *kit* de desenvolvimento de *software*, ferramentas de gerenciamento de *back-end* e dispositivos de *beacon*. Portanto, você precisará de profissionais com conhecimento específico para configurar seu sistema de posicionamento, ainda mais se os beacons fizerem parte de uma vasta rede IoT que inclui outros dispositivos (Sinclair, 2018).

Um fato importante é que, para habilitar o suporte a *beacon*, um *smartphone* deve ter um iOS 7 ou superior, ou Android 4 ou superior.

Quanto à permissão dos usuários, estes tomam a decisão final sobre se receberão notificações baseadas em *beacon* e usarão seu sistema de posicionamento. A tecnologia *beacon* funciona com um *smartphone* e o aplicativo, então, os usuários podem simplesmente optar por desligar o *bluetooth*. Também existem pessoas que usam seus *smartphones* sem manter o *bluetooth* ligado o tempo todo.

Para superar esse obstáculo, você pode pedir a seus usuários que liguem o *bluetooth* para obter a experiência completa do cliente ou, até mesmo, entusiasmá-los notificando-os sobre o sistema de posicionamento baseado em *beacon*, apresentando-o como uma solução inovadora e explicando quais os benefícios para eles.

Como resultado, essa tecnologia parece menos intrusiva do que RFID (identificação por radiofrequência) e outras ferramentas de engajamento semelhantes, permitindo uma experiência em que o usuário tem a opção de cancelar.

Para que são usados os *beacons*?

A tecnologia *beacon* pode melhorar a experiência do usuário no *front* e no *back-end* de quase todas as empresas, agilizar as operações e reunir dados, impulsionar as vendas e oferecer experiências únicas ao usuário. Ainda assim, os setores de varejo e de *marketing* são os que mais se beneficiam dos *beacons*, já que são quase feitos sob medida para os dois (Sinclair, 2018).

No *front-end*, por exemplo, em uma loja de varejo, você pode emparelhar *beacons* com um aplicativo personalizado para notificar os compradores sobre ofertas limitadas na loja, entregar promoções personalizadas e fornecer navegação em grandes locais de varejo.

No *back-end*, os *beacons* são igualmente eficazes. Você pode configurar um sistema de posicionamento interno baseado em *beacon* em um depósito para simplificar e agilizar a navegação em áreas maiores que auxiliaria tanto os funcionários quanto os representantes de terceiros. Emparelhado com uma solução de desenvolvimento de *software* empresarial, os *beacons* também permitem o rastreamento de pessoal interno para melhorar a segurança local, assim como o rastreamento de ativos.

Outras possibilidades de uso dos *beacons*

Você pode emparelhar *beacons* com dispositivos móveis para fornecer anúncios altamente personalizados com base em localização E, dessa forma, **impulsionar as vendas.**

Os *beacons* podem reunir dados de clientes que o ajudarão a criar experiências melhores e mais personalizadas, bem como obter percepções adicionais sobre o comportamento dos clientes, ou seja, é **mais uma forma de coletar dados.**

Alguns dispositivos *beacons* oferecem muitas possibilidades para experimentar e desenvolver soluções criativas de que seus clientes vão se lembrar por muito tempo, portanto **novas experiências significativas para os clientes.**

4.7
Heatmap

O termo *heatmap* foi registrado pela primeira vez no início de 1990, quando o designer de *software* Cormac Kinney criou uma ferramenta para exibir graficamente informações do mercado financeiro em tempo real. Atualmente, os *heatmaps* ainda podem ser criados manualmente, usando planilhas ou com *software* especializado.

Um *heatmap* (ou *heat map*, em tradução livre, "mapa de calor") é uma representação gráfica de dados na qual os valores são representados por cores. A Figura 4.9 ilustra a aplicação de um *hetmap* em um ambiente.

Figura 4.9 – Aplicação de *heatmap*

Se você estiver visitando uma página da *web* e quiser saber quais áreas recebem mais atenção, um *heatmap* mostra de uma forma visual fácil de assimilar e tomar decisões.

O que mostra um *heatmap*?

Um *heatmap* usa um espectro de cores quentes a frias para mostrar quais partes de uma página recebem mais atenção. O mapa de calor simulado a seguir, por exemplo, mostra até que ponto os visitantes da página rolaram para baixo.

Figura 4.10 – Exemplo de *heatmap*

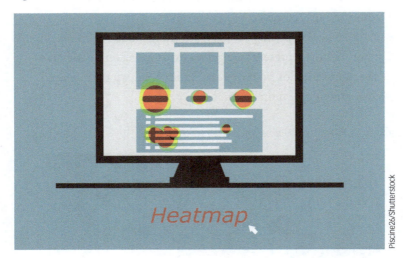

Nesse exemplo, utilizamos o *site* do Centro Universitário Internacional Uninter[2] para desenvolvimento do *heatmap*, que foi implementado no mesmo dia.

As cores no mapa de calor podem denotar a frequência de um evento, o desempenho de várias métricas no conjunto de dados e assim por diante. Diferentes esquemas de cores são selecionados por diversas empresas para apresentar os dados que desejam representar em um mapa de calor. No comércio eletrônico, são usados esquema de cores quente a frio, enquanto outros, como analistas do mercado de ações, usam o esquema de cores frio a quente.

---

2 Disponível em: <https://www.uninter.com/>.

Os *heatmaps* para *sites* visualizam os elementos mais populares (quentes) e impopulares (frios) de uma página da *web* usando cores em uma escala de vermelho a azul.

Figura 4.11 – Escala de cores do *heatmaps*

Ao agregar o comportamento do usuário, o *heatmap* facilita a análise de dados e fornece uma compreensão rápida de como as pessoas interagem com uma página individual do *site*, o que elas clicam, percorrem ou ignoram, e essa relação ajuda a identificar tendências e otimizar para maior envolvimento.

Em geral, o *heatmap* exibe a "dobra da página", que é a parte da página que as pessoas veem na tela sem rolar assim que chegam a ela.

Heatmap é um termo abrangente para diferentes ferramentas de mapeamento de calor, existem:

» **Scroll maps. ou mapas de rolagem**: mostram a porcentagem exata de pessoas que rolam para baixo até qualquer ponto da página, quanto mais vermelha a área, mais visitantes a veem.

» **Click maps. ou mapas de clique:** apresentam um conjunto de lugares em que os visitantes clicam com o *mouse* em dispositivos *desktop* e tocam com o dedo em dispositivos móveis (nesse caso, são conhecidos como *touch maps*, ou mapas de toque). O mapa é codificado por cores para mostrar os elementos que foram clicados e tocados com mais frequência (vermelho, laranja, amarelo).

» **Move maps, ou mapas de movimento:** rastreia onde os usuários movem o *mouse* enquanto navegam na página. Os pontos de acesso em um mapa de movimento representam para onde os usuários moveram o cursor em uma página, e a pesquisa sugere uma correlação entre o lugar para onde as pessoas estão olhando e onde está o *mouse*, o que significa que um mapa de movimento fornece uma indicação de para onde as pessoas podem estar olhando ou por sua página.

Existem *heatmaps* específicos para *desktop* ou para dispositivos móveis, uma vez que a ergonomia dos equipamentos é diferente. Por exemplo, o conteúdo que é exibido em uma página para o computador pode ficar muito mais abaixo da dobra do *site* em um telefone, e é preciso verificar se a interação é diferente e como ocorre. Saber a diferença entre os *heatmaps* é útil, pois cada tipo ajuda você a investigar um aspecto ligeiramente diferente do desempenho de seu *site*.

Os *heatmaps* ajudam a entender como as pessoas interagem com as páginas no *site*, para que você possa encontrar respostas para perguntas críticas de negócios, como "Por que meus usuários não estão convertendo?" ou "Como faço para que mais visitantes realizem ações?". De acordo com Rogers (2017), a utilização dos *heatmaps* auxilia a verificar se as pessoas estão:

» alcançando conteúdo importante ou não estão conseguindo vê-lo;

» encontrando e utilizando os principais *links*, botões, opções e CTAs[3] de uma página;

» distraindo com elementos não clicáveis.

Como é uma ferramenta visual, os *heatmaps* podem auxiliar na tomada de decisão informada e baseada em dados para testes A/B, atualização ou (re)*design* de seu *site*. E são úteis em uma escala de negócios mais ampla, os *heatmaps* permitem que você mostre aos membros da equipe e partes interessadas o que está acontecendo e obtenha sua adesão mais facilmente quando as mudanças são necessárias.

Felizmente, a tecnologia está levando o mundo adiante de várias maneiras inovadoras, e podemos perceber que nem toda tecnologia inovadora precisa ser extremamente complexa para fazer uma grande diferença para o público-alvo de uma empresa. No final das contas, o que importa é como aplicar para ajudar o varejo (físico ou digital) a encontrar maneiras novas e interessantes de se comunicar com seus usuários de maneira estratégica e direcionada.

Esperamos que você já esteja pensando em possibilidades de implantar qualquer recurso para criar uma ótima experiência do usuário.

---

3 O *Call to Action* (CTA), ou, em português, "chamada para ação", é um recurso que tem como objetivo estimular seu público a realizar uma ação específica, como fazer o *download* de um *e-book* e assinar uma *newsletter*, por exemplo (Rogers, 2017).

Shirlei Miranda Camargo

capí-
tulo
5

Os consumidores digitais

N este capítulo, trataremos do foco de qualquer tipo de empresa, inclusive do varejo digital: o consumidor. Afinal, uma empresa só alcançará resultados se satisfazer os desejos e as necessidades de seu cliente. Para isso, é muito importante conhecê-lo profundamente. Obviamente, o consumidor *on-line* (ou quando está *on-line*) tem características um pouco distintas de um consumidor *off-line*.

5.1
Características dos clientes do varejo digital

É fato que houve uma grande mudança no comportamento dos consumidores, principalmente quando se tornaram *on-line*. Nos anos 1990, as pessoas compravam, basicamente, livros e CDs porque o medo de "calote" era muito grande e sofrer golpe em produtos dessa categoria não levaria a grandes prejuízos financeiros.

Tanto é que lembro da primeira compra de um produto de valor alto que realizei pela internet no início dos anos 2000. A geladeira da minha mãe tinha estragado e, naquela época, comprar pela internet significava uma grande economia de dinheiro, além de parcelar em muitas vezes sem juros. Ela ficou preocupada em comprar um produto de valor tão elevado em uma loja virtual e confesso que, apesar de tranquilizá-la, fiquei também um pouco apreensiva. Mas deu tudo certo!

Desde então, muitas coisas mudaram. Atualmente, compramos de tudo pela internet: móveis, roupas, comidas, brinquedos, cosméticos, ingressos, passagens e, infelizmente, até produtos ilícitos (por exemplo por meio da *dark web*[1]). Apesar desse avanço, a preocupação com segurança ainda continua.

Uma dessas mudanças foi o meio utilizado para fazer as compras. No início, como no meu caso com a geladeira, só podíamos comprar *on-line* se tivéssemos acesso a um computador. Com o avanço da tecnologia, os *smartphones* mudaram muito essa realidade.

A seguir, apresentamos um pouco das mudanças nas compras *on-line* apontados por Bianca Lopez (2019):

---

1   *Deep web* e *dark web* são coisas diferentes. A *deep web* não é, necessariamente, obscura ou perigosa, mas não é disponível para acesso sem credenciais de *login* como a leitura de documentos internos na intranet corporativa de seu trabalho. Já na *dark web*, os conteúdos, como vendas de produtos ilegais, são propositalmente escondidos e requerem um *software* especial – um navegador chamado *Tor* – para serem acessados (Toledo, 2021).

» **Anos 2000**: segundo a Ebit-Nielsen (Barone, 2019), em seus primeiros anos de Brasil, a internet servia, basicamente, para socialização e relacionamento. Nesse momento, as pessoas passavam, em média, sete horas por mês na internet e compravam *on-line* para ter o conforto de receber o produto em casa, poder comprar a qualquer hora do dia e, também, economizar tempo. Os produtos mais comprados eram CDs, DVDs, VHS, livros e revistas e eletrônicos. Segundo o Ebit (Barone, 2019), na época, a receita total gerada no *e-commerce* brasileiro era de 500 milhões de reais, e o *m-commerce* (*mobile commerce*, ou "venda por celular") representava menos de 1% de todas as transações de comércio eletrônico.

» **De 2010 a 2017**: em 2010, a maioria das pessoas tinha, pelo menos, um perfil em rede social e 62% da população já possuía um telefone celular. Por consequência, a mídia social começou a desempenhar um papel importante no processo de decisão de compras influenciando as vendas no *e-commerce*. Nessa fase, a experiência do consumidor e os *reviews on-line* ganharam importância no Brasil. A partir de 2011, os negócios *on-line* menores começaram a se destacar, e o setor de moda e acessórios também aumentou sua representatividade. Ainda, o *m-commerce* cresceu, passando a representar 5% de todas as transações de comércio eletrônico em 2013.

» **A partir de 2017**: apesar das crises econômicas e políticas pelas quais passamos, o segmento de comércio eletrônico se manteve crescendo e vimos surgir a consolidação dos *marketplaces*, que passaram a representar mais de 40% das vendas de *e-commerce*. Os usuários aumentaram sua conectividade para mais de nove horas *on-line* por dia (em 2000, eram sete horas, lembra?). As mídias sociais tornaram-se um dos principais impulsionadores das vendas *on-line*. E, diferentemente do início, quando as pessoas preferiam comprar mais aos finais de semana, agora, os dias da semana se tornaram mais populares para realizar essas compras. Além disso, os clientes passaram a valorizar mais a experiência quando compram *on-line* e a julgar a loja como responsável por todas as etapas do processo de compra, incluindo suporte ao cliente, entrega e pós-venda, mesmo quando o serviço é de um parceiro.

Mendes (2019) aponta algumas características-chave dos consumidores virtuais atuais:

» fazem muito mais pesquisa antes de comprar;
» podem passar pela loja física, pelo *desktop* e pelo *smartphone* em sua jornada (*omnichannel* é a palavra da vez, como salientamos na Seção 4.1 deste livro);
» estão sempre conectados e têm realmente o poder de encontrar o melhor preço, o principal fator de decisão ainda para a compra.

Outros aspectos importam também: reputação da loja, experiência de compra, atendimento, facilidade para resolver potenciais problemas, experiências anteriores.

Como já ressaltamos em outras passagens, a pandemia de covid-19 mudou muito os hábitos dos brasileiros e aumentou o consumo pelo *e-commerce*, principalmente pelo celular, e em especial pelo WhatsApp. Nesse cenário, algumas categorias ganharam destaque, como o *fast food*, os remédios e o vestuário, os principais artigos que os brasileiros começaram a comprar ou compraram mais por meio de lojas virtuais.

Em outras palavras, o *e-commerce* avançou em meses o que estava previsto para anos. Isso aconteceu pelos seguintes motivos: quem já comprava *on-line* aumentou suas vendas; muitas pessoas passaram a comprar pela primeira vez; vários comerciantes também passaram a vender *on-line* pela primeira vez (Filippe, 2020).

As pessoas que passaram a comprar recentemente em *e-commerces* modificaram o perfil dos consumidores *on-line*. Antes, o perfil dos clientes de varejo digital era de pessoas mais jovens, de maior poder aquisitivo e que tinham facilidade no uso e no acesso às tecnologias. No entanto, atualmente, vemos pessoas mais velhas comprando *on-line*, com caraterísticas bem diferentes que podem impactar o processo de compra. Por exemplo, consumidores mais idosos são menos educados digitalmente, por isso precisam de mais suporte para conseguir realizar suas compras.

Como esclarece Bruno de Lima (2021) em artigo sobre o que os consumidores esperam das marcas *on-line*, a empresa Instacard percebeu essa mudança e criou o Serviço de Atendimento Sênior, oferecendo suporte para pessoas mais velhas realizarem atividades básicas: criar uma conta, criar um carrinho de compras virtuais e auxiliar no processo de pagamento.

Outra mudança no perfil dos consumidores foi provocada pela popularização dos *smartphones*. A Figura 5.1 ilustra a evolução do número de pessoas que compraram pelos *smartphones* nos últimos anos:

Figura 5.1 – Porcentagem de consumidores que já compraram pelo celular

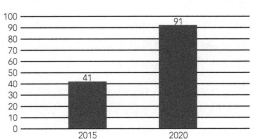

Fonte: Elaborado com base em: Mobile Time; Opinion Box, 2021.

Em cinco anos, os números dobraram! Complementando essa informação, segundo dados da Ebit, em 2019, as compras via dispositivos móveis já representavam 42% de todas as compras do mercado *on-line* nacional (Mendes, 2019).

Essa mudança aconteceu porque os preços dos *smartphones* foram caindo, portanto os aparelhos ficaram mais acessíveis a uma parcela maior da população. Para o presidente do SPC Brasil, Roque Pellizzaro Junior, as compras pelos dispositivos móveis aumentaram auxiliadas pela popularização de pacotes de dados de internet móvel e do alcance maior da banda larga. Ainda, segundo ele, o *smartphone* tornou-se um sucesso porque é mais barato investir nele do que em um computador ou *notebook* (Computador..., 2018). Dessa forma, pessoas de menor poder aquisitivo adentraram no mundo do *e-commerce*.

Nesse contexto, segundo Lima (2021), as empresas precisam estar atentas aos seguintes pontos sobre esse novo consumidor:

» A base de clientes agora está mais complexa, o que requer mais atenção dos negócios.

» Os novos consumidores estão cada vez mais exigentes, fazendo com que as empresas precisem investir em atendimentos personalizados que supram as necessidades individuais dos clientes.

» Esses novos clientes também vão precisar de mais suporte técnico, aumentando a importância dos setores de pós-venda e atendimento ao cliente.

» Todos os perfis de consumidores precisam ser atendidos. Agora, as empresas precisam certificar-se de que ninguém está ficando para trás.

Segundo a pesquisa Consumer Insights, da Kantar, empresa de dados e evidências, para 44% dos brasileiros, não ter um funcionário para tirar dúvidas é uma barreira à compra. A pesquisa também apontou que 33% dos consumidores dizem não confiar em fornecer dados para compras *on-line*; 19% não encontram o sortimento esperado e 16% se preocupam com o atraso nas entregas e não têm esperanças de que esse aspecto vai melhorar rapidamente (Propmark, 2021).

Portanto, a segurança e o papel do vendedor são dois aspectos que as empresas de *e-commerce* precisam melhorar a fim de conquistar mais clientes.

A seguir, abordaremos os diferentes consumidores classificados de acordo com suas datas de nascimento, ou seja, segundo a geração à qual pertencem.

5.2
As gerações de consumidores

Caro leitor, reflita sobre esta afirmativa: Uma empresa deve tentar vender para todos!

Você acha que a afirmativa está correta? Respondemos para você: Não! Muitas empresas erram ao ter esse pensamento porque as pessoas são muito diferentes, não existe possibilidade de satisfazer a todos.

Dessa forma, a empresa deve segmentar o mercado, dividindo-o a fim de escolher os melhores segmentos para, então, focar suas estratégias de modo muito mais eficaz. Como explica Baker (2005, p. 174):

> O princípio básico da segmentação de mercado é que os mercados não são homogêneos e que comercialmente faz sentido diferenciar ofertas de marketing para diferentes grupos de clientes. Os dias em que os clientes podiam comprar um carro "de qualquer cor desde que fosse preto", há muitos já se foram.

Obviamente, existem vários tipos de segmentação: geográfica, demográfica, psicográfica, comportamental etc. Dentro da segmentação demográfica por idade, temos a segmentação por gerações, uma vez que nossa sociedade pode ser dividida em gerações. Vejamos (Murtell, 2020a):

» **Baby boomers** são as pessoas nascidas de 1945 a 1965. O nome vem de um *boom* (explosão) nas taxas de natalidade no pós-guerra, abrangendo um grupo demográfico significativo.

» **Geração X** é, geralmente, definida como pessoas nascidas entre 1965 e 1980.

» **Millenials** é a geração dos que cresceram na virada do milênio, formada pelos nascidos entre 1981 e 1996. Muitos analistas dividem esse grupo em *millennials* mais velhos (**geração y**) e *millennials* "verdadeiros" (mais jovens e nascidos perto da virada do século).

» **Geração Z** (ou gen Z) são aqueles que sucedem a geração do milênio, portanto nascidos entre o final da década de 1990 e o início da década de 2010.

» **Geração alpha** (ou gen alpha) é formada por pessoas nascidas entre 2010 e 2020, portanto a primeira geração a conhecer apenas o século 21.

Provavelmente, entre os especialistas no tema, existem algumas divergências com relação aos anos de nascimentos dessas gerações, mas, em média, elas são bem próximas. O importante é entendermos as diferenças que existem entre elas. Por exemplo, como explica Murtell (2020b), os *baby boomers* estão em uma fase em que buscam aproveitar a vida de maneira prazerosa, visto que já cumpriram com o esforço do trabalho e já construíram seu patrimônio. Segundo a autora, a geração X é bastante cética com relação às questões que envolvem *marketing*, propaganda e o sistema econômico vigente.

Já os *millenials* têm novas perspectivas sobre a vida com base na argumentação de que, como vivemos apenas uma vez, devemos viver da melhor forma possível. Segundo Murtell (2020b), a crise climática, as mudanças econômicas e a instabilidade da força de trabalho, essa geração vive o paradoxo entre uma grande expectativa e uma profunda incerteza. Por essa razão, muitas marcas exploram seu desejo por justiça e até mesmo direitos.

Portanto, conhecendo essas diferenças, não é difícil compreender a importância de as empresas segmentarem seu mercado para escolher qual geração atenderá, pois as estratégias serão diferentes e, logo, muito mais eficazes para impactar o público-alvo escolhido.

5.3
Novos modelos de comportamento, de estilo de vida e de consumo

Como vimos, os consumidores *on-line* foram se modificando ao longo do tempo e, mesmo entre deles, existem algumas subdivisões que podem ser feitas. Vamos a elas (Tudo... 2019):

> » **O conectado**: os *smartphones* permitiram que o novo consumidor ficasse conectado o tempo todo – em casa, no trabalho, na balada, no ônibus, na recepção do médico etc. Nesse cenário, ele interage com amigos, família e até com as marcas a qualquer horário do dia ou da noite. Para engajar esse tipo de comprador, é necessário falar a mesma língua que ele e utilizar os canais que ele mais gosta. O conectado gosta de se autopromover, então a empresa deve incentivá-lo a fazer *check-in* na sua loja, publicar fotos utilizando seus produtos e ainda marcar a empresa nos *posts*. Assim, você engaja os consumidores conectados e ainda aumenta a visibilidade do seu negócio.

> » **O imediatista**: é fato que as novas gerações não têm paciência em esperar e o consumidor apressado deseja soluções praticamente instantâneas. Para engajar esse cliente, ofereça a eficiência em todos os processos investindo em canais de autoatendimento para garantir qualidade na assistência e atendê-lo nesse sentido. Outra dica é estender o tempo

do atendimento além do comercial para satisfazer essa pessoa. Contudo, esse cliente não gosta de ser pressionado. Ele valoriza a autonomia e quer se sentir no comando e que está tomando decisões por conta própria, e não por influência do vendedor. Portanto, evite abordagens invasivas e insistentes.

» **O sustentável**: esse cliente tem a consciência de que suas ações podem ter impacto ambiental, social ou econômico. Ele tem senso crítico, não é facilmente influenciado e busca produtos ecologicamente corretos, reaproveitáveis, recicláveis e que não geram impactos negativos na sociedade. Assim, a empresa que quer agradá-lo, deve fazer escolhas conscientes em todos os âmbitos da empresa: desde a escolha de fornecedores que também devem ser socialmente responsáveis, redução de desperdícios; oferta de condições dignas de trabalho para seus funcionários e contratação de colaboradores diversos em relação a gênero, orientação sexual, etnia, idade, cultura, classe social, condições físicas e intelectuais.

» **O atento**: é o consumidor mais atento às novidades do mercado e atitudes da empresa. Ele preza pela segurança de dados e pelo cumprimento da lei, além de sempre estar em busca de inovações. Para engajar esses consumidores, é necessário transmitir confiabilidade e cuidar da reputação da empresa. Uma boa ideia é fornecer o que o cliente tanto procura – conteúdo de qualidade –, o que vai ajudá-lo no processo de compra. Ainda, os colaboradores precisam ter conhecimentos para conseguir argumentar com o consumidor e fechar vendas.

» **O que preza pelo melhor custo-benefício**: apesar de ser sensível a preços, o perfil do consumidor da era digital concorda com a expressão popular "o barato sai caro". Ele quer sim o produto que deseja ao menor preço possível, mas não é apenas isso que entra na balança. Fatores como qualidade, durabilidade, usabilidade e opinião de outros compradores são consideradas na hora de decidir por um produto ou empresa. E ele consegue todas essas informações de modo bem fácil pela internet. Existem *sites* populares – como Buscapé e Zoom – que fazem comparações de preços entre lojas e disponibilizam avaliações dos itens. Portanto, para atrair esse tipo de cliente, sua empresa precisa apresentar o melhor custo-benefício. Nesse contexto, uma correta precificação de produtos merece destaque.

» **O único**: esse perfil de consumidor valoriza todas as experiências que sua empresa pode proporcionar. Portanto, apenas preço e produto de qualidade não fazem a cabeça dele. Ele quer exclusividade e ser tratado como um rei. Publicidades de massa e que ignoram os interesses e comportamento do consumidor não geram impactos positivos nesse público. Afinal, ele valoriza a personalização e o bom relacionamento com as marcas. Em razão disso, é importante usar os dados do cliente de modo estratégico com o objetivo de implementar ações para melhorar a experiência dele e gerar aproximação. Investir em clubes de fidelidade também é uma boa forma de atrair o comprador. Por meio desses programas, é possível oferecer prioridade na compra de lançamentos, brindes exclusivos, cupons de desconto, entre outros. Aliás, a tática contribui para a fidelização.

Em suma, conhecer os diferentes perfis do consumidor moderno é essencial para identificar com qual deles a empresa trabalha e quais são suas expectativas em relação à sua empresa. Contudo, não basta ter conhecimento: é necessário usar essas informações para agir.

5.4
A comunicação com o cliente no varejo digital

Antes da internet, as marcas escolhiam o que divulgar nos jornais, rádio e TV. No entanto, com o advento da internet, o cliente assumiu uma postura mais ativa em busca de conteúdos relevantes sobre o produto que pretende comprar em *blogs* e *reviews* no YouTube, comparando marcas e preços, verificando a reputação da empresa nas redes sociais, as opiniões de outros consumidores etc. Todo esse conhecimento tornou o público mais exigente e altamente seletivo. Ademais, o comprador conhece melhor seus direitos e, por qualquer deslize da empresa, ele vai para as redes sociais e ainda aciona as entidades reguladoras para solucionar seus problemas (Tudo..., 2019).

A forma de contatar esse consumidor vem evoluindo. Por exemplo, o telefone vem perdendo espaço para *e-mail*, SMS, redes sociais, WhatsApp, entre outros (Tudo..., 2019). No entanto, dados mais recentes afirmam que até o SMS está caindo em desuso. Apesar de continuar a ser utilizado pelas empresas por se tratar de uma ferramenta universal, independentemente de o aparelho celular ser um *smartphone* ou um *feature phone* (celulares que oferecem menos recursos do que os *smartphones*), a proporção de brasileiros que enviam SMS todo dia ou quase todo dia sofreu mais uma queda nos últimos seis meses, passando de 17% para 8%, e a dos que nunca ou quase nunca recebem passou de 15% para 18% (Mobile Time; Opinion Box, 2021).

A tecnologia muda muito rápido e pode ser que, quando você estiver lendo esta página, um novo canal de comunicação tenha surgido! Além disso, com o empoderamento do consumidor, a forma de se comunicar também mudou. Ela ficou mais próxima, mais informal. O consumidor quer dar sua opinião, ele é o protagonista do relacionamento (Tudo..., 2019).

Finalizando, o atual consumidor é muito mais independente da empresa/marca e tem uma jornada de compra mais dinâmica. Ele se informa (*blogs*, *sites*, avaliações de clientes) antes de tomar a decisão sem nem precisar entrar em contato direto com a empresa. Contudo, quando ele quer atendimento, quer variedade de canais e espera transitar por todos eles de modo facilitado (Tudo..., 2019). Em outras palavras, esse consumidor empoderado está *on-line*, principalmente nas redes sociais, e espera se relacionar com as empresas nesse cenário virtual.

5.5
Marketing no mercado digital

Embora saibamos que você já tem uma ideia do que é *marketing*, compartilharemos com você uma definição do American Marketing Association (AMA), uma das mais renomadas associações de *marketing* do mundo. Muitas pessoas acreditam que o *marketing* é sinônimo de vendas ou de propaganda, mas não é. Na verdade, é muito mais do que isso, uma vez que ele é responsável por grande parte da estratégia de uma empresa. A AMA (2017) reuniu em um painel os maiores nomes do *marketing*, como Jaworski, Drucker, Varadarajan, entre outros, que reformularam a definição de *marketing*. Assim, podemos defini-lo como:

> "A atividade, conjunto de instituições e processos para criar, comunicar, entregar e trocar ofertas que têm valor para clientes, parceiros e sociedade em geral."

Em outras palavras, o *marketing* ajuda a criar os **produtos** (ou serviços), comunicar a existência deles para os consumidores atuais e/ou potenciais por meio de **propagandas e promoções**, entregá-los por intermédio dos **pontos de**

vendas e, por fim, realizar uma troca de ofertas ajudando a determinar um **preço** para esse produto/serviço para que o cliente, se perceber valor, adquira-o. Aqui, identificamos os famosos 4 Ps:

1. Criar (**produto**)
2. Comunicar esse produto (**promoção**)
3. Entregar esse produto (**ponto**)
4. Trocar (**preço**)

Esses 4Ps são também chamados de *mix de marketing*, ou composto de *marketing*. Eles foram criados por McCarthy, nos anos 1960, que juntou os *"mixes de marketing"* de vários autores nos "4Ps" para ajudar na aprendizagem de seus alunos e, apesar do surgimento de outros Ps, Cs, As etc., os 4Ps ainda são utilizados.

E *marketing* digital, o que seria então? Ainda segundo a AMA, *marketing* digital é:

"O uso de canais digitais ou sociais para promover uma marca ou atingir os consumidores. Esse tipo de *marketing* pode ser executado na internet, redes sociais, buscadores, dispositivos móveis e outros canais. Requer novas formas de *marketing* para os consumidores e compreensão do impacto de seu comportamento."

Muitas pessoas acreditam que o *marketing* digital veio substituir o *marketing* tradicional, mas, na verdade, ele é um tipo de *marketing*. Assim, apenas saber utilizar Google Adwords e Analytics, ou publicar *posts* nas redes sociais, não é suficiente, porque essas ferramentas e estratégias exigem uma base sólida do bom e velho *marketing*. Caso contrário, podem, inclusive, ao invés de atrair clientes, afastá-los.

Entretanto, o *marketing* tradicional sem o *marketing* digital não "vai a lugar nenhum". Como diz uma grande amiga e professora de *marketing* digital, Maria Carolina Avis, se a empresa não está no Google, não existe! Os consumidores estão *on-line* como nunca, tornando os canais digitais as principais (senão as únicas) formas pelas quais eles interagem com as marcas.

Diante dessa realidade, vamos apresentar algumas estratégias de *marketing* digital:

» **Inbound marketing**: por décadas, convivemos com o *marketing* invasivo (*outbound*) que interrompia nossos programas de TV, ligava em pleno domingo para oferecer algo ou nos obrigava a assistir a seu anúncio quando queríamos ver algum vídeo no YouTube. Mas o consumidor não quer mais esse tipo de relacionamento, portanto ganha espaço o *inbound marketing*, que engloba qualquer estratégia de *marketing* que tenha a finalidade de atrair a atenção das pessoas de maneira não invasiva ou interruptiva.

Dentro do *inbound marketing*, há o **marketing de conteúdo,** que é a estratégia de atrair clientes utilizando conteúdos que sejam relevantes e valorosos para eles. Resumindo, a empresa não vai criar um conteúdo para vender, não de forma direta, mas sim para levar algum benefício para a pessoa que estará lendo, como ensinar algo, esclarecer uma dúvida, solucionar algum problema. Dessa forma o consumidor criará uma simpatia pela empresa, vai se engajar e até se tornar fiel.

» **Links patrocinados**: conhecido também como SEM (*search engine marketing – marketing* para mecanismos de busca). Quando você faz uma pesquisa algo no Google, aparecem nos resultados algumas empresas com um pequeno retângulo escrito "anúncio", trata-se de um *link* patrocinado. A empresa paga determinado valor para o Google Ads e, a cada clique que os usuários dão no *link* de sua loja, esse valor (geralmente, centavos) vai sendo descontado do crédito que comprou. Em outras palavras, ela paga por clique dos cientes. Além disso, é a empresa que determina quais palavras-chave quer "comprar" para ser localizada pelos clientes e quanto quer pagar por clique dado nelas. Por exemplo, se tenho uma floricultura em Curitiba, posso escolher palavras como "flores", "Curitiba", "floriculturas em Curitiba" etc. É uma espécie de leilão, pois, obviamente, outras empresas vão querer essas palavras, e quem "paga" mais por elas aparece no topo da lista.

» **Native advertising**: traduzido para publicidade nativa, conforme definido por Wojdynski e Evans (2016, p. 157, tradução nossa), refere-se a "qualquer publicidade paga que assume a forma e a aparência específicas do conteúdo editorial do próprio editor". Portanto, ela fica "camuflada" em meio aos conteúdos de uma página, por exemplo, apesar de ter discretamente assinalado que se trata de uma propaganda.

» **Remarketing**: é uma ferramenta que coleta e usa dados de navegação para fazer anúncios dirigidos. Isso significa que ela é responsável por mapear e identificar os desejos do consumidor a partir dos *sites* visitados por ele. A partir daí, as empresas alugam espaços em páginas de terceiros, mostrando ao consumidor um anúncio relacionado ao que ele estava procurando. Na prática, é aquele anúncio que fica "perseguindo" você em redes sociais, *sites* e *blogs* depois que você procurou algo no Google (Christino et al., 2020).

» **SEO (*Search Engine Optimization* – Otimização para Mecanismo de Busca):** é a otimização dos buscadores. Trata-se de uma tática que usa um conjunto de estratégias (programação, estrutura, criação de bons conteúdos) para deixar o *site* mais relevante a fim de que ele obtenha um melhor posicionamento nos resultados de busca do Google e seja encontrado com maior facilidade.

Esses são alguns dos conceitos de *marketing* digital, visto que, além da extensão do tema, esse não é o escopo deste livro. Dessa forma, sugerimos que você leia mais sobre o assunto para aprender mais caso deseje. O essencial é perceber como o *marketing* digital tornou-se fundamental atualmente para o varejo digital, na divulgação da empresa, suas marcas, seus produtos e serviços.

Mesmo que você não seja o responsável pelo *marketing* digital[2] de sua empresa, é importante conhecer o básico para contratar alguém que vai fazê-lo. Lembre-se de que, na internet, o consumidor é exposto a uma infinidade de informações e concorrentes, portanto, se a empresa não pensar e agir estrategicamente, corre o risco de não atingir seus objetivos.

---

2   Para mais informações sobre *marketing* digital e *links* patrocinados, acesse o Google Ads em <https://ads.google.com/intl/pt-br_br/getstarted/?subid=br-pt-ha-awa-bk-ccor!o3~>.

Shirlei Miranda Camargo

capí-
tulo
6

Pagamentos, segurança
e tendências

Leitor, neste capítulo, abordaremos um assunto de extrema importância: a segurança de dados. Trataremos de questões relacionadas à segurança das informações sobre pagamentos, consumidores, lojas etc.

Como já apontamos, uma das fraquezas do varejo digital que ainda leva muitas pessoas a evitar comprar por *e-commerce* é justamente a segurança. Por um lado, os consumidores estão menos temerosos, por outro, os números e os tipos de fraudes não param de crescer.

Apontaremos, também, algumas tendências do mercado digital, embora, nessa área, rapidamente uma tendência pode tornar-se comum, e outras podem ser descartadas antes mesmo de "emplacarem".

6.1
Lei Geral de Proteção aos Dados

Já aconteceu de você estar falando com um amigo sobre algo de que precisa e, de repente, aparecer um anúncio na internet sobre esse produto ou serviço? Isso é muito comum e não é coincidência.

Em algum momento, sem perceber, concedemos essa "liberdade" ao Instagram porque muitos de nossos dados são obtidos e armazenados sem nosso conhecimento e/ou consentimento consciente. Na pressa, clicamos naquele famoso termo de consentimento que afirma "li e aceito" sem realmente ler (geralmente, é um texto muito longo e complexo).

Ainda pior, existem empresas e pessoas que, simplesmente, "roubam" esses dados sem sabermos. Enfim, o consumidor torna-se vítima de maneira permanente e silenciosa, e seus dados são subtraídos, sem que, obviamente, ele tenha conhecimento disso ou sobre como agir para conseguir interromper essa prática (Siqueira et al., 2021).

Diante dessa realidade, foi promulgada a Lei Geral de Proteção aos Dados, Lei n. 13.709, de 14 de agosto de 2018, com o objetivo de assegurar o direito à privacidade e à proteção de dados pessoais dos usuários (Brasil, 2018).

Como explica Jerusa Bohrer, advogada especialista em direito digital, são pessoais dados sobre nome, endereço, telefone, *e-mail*, contas e transações bancárias, números de documentos como RG, CPF, PIS, passaporte, geolocalização, endereço de IP e quaisquer outros que identifiquem seu titular direta ou indiretamente (Bohrer, 2021).

E por que os dados são tão cobiçados? Na verdade, eles podem ser transformados em produtos comercializados por meio de uma publicidade direcionada por sistemas e algoritmos que filtram a propaganda e entregam ao consumidor potencial (Siqueira et al., 2021).

Como já ressaltamos, depois do surgimento da internet, nos anos 1960, e de sua popularização no final dos anos 1990, as pessoas mudaram completamente como enxergavam o mundo e se relacionavam. O espaço *on-line* se tornou um novo ambiente social paralelo, vinculado ao mundo real, e que, portanto, reflete muito nas relações humanas. Uma consequência disso foi o acesso e a disseminação de uma infinidade informações que agora são abertas, globalizadas e interligadas. Vivemos a Era da Informação, que tem muitos benefícios, mas também alguns problemas (Siqueira et al., 2021).

Por exemplo, atualmente, qualquer empresa depende da conectividade para divulgar suas ofertas, realizar suas vendas, estabelecer comunicações, bem como armazenar informações e demais operações no ambiente dos negócios. Contudo, muitos dos dados resultantes dessas transações são obtidos e armazenados sem o conhecimento ou o consentimento consciente do usuário.

Por essas razões, tornou-se essencial discutir os limites e as implicações da privacidade no meio digital. Precisamos ter consciência de que a internet não é um lugar totalmente seguro, tornou-se terra sem lei porque falta proteção ao consumidor, que, na maioria das vezes, não tem conhecimento técnico suficiente e fica exposto à má intenção de pessoas que se aproveitam do anonimato e/ou da ausência de punição para agir. Siqueira et al. (2021) informam que 76% dos brasileiros adultos já foram vítimas de algum tipo de crime digital.

Nesse contexto, a LGPD veio regularizar o uso e o tratamento de dados no Brasil. Antes dela, os recursos para recorrermos em caso de crimes eram o Código Civil – Lei n. 10.406, de 10 de janeiro de 2002; a Constituição Federal, em seu art. 5º; a legislação sobre direitos autorais – Lei n. 9.610, de 19 de fevereiro de 1998; o Marco Civil da Internet – Lei n. 12.965, de 23 de abril de 2014; e algumas leis penais sobre o uso indevido de dados (Brasil, 2002; 1988; 1998; 2014).

No entanto, não havia um conjunto normativo específico que fornecesse segurança jurídica às pessoas. O intuito da LGPD é empoderar os cidadãos perante o Estado e as empresas, visto que indivíduo foi reconhecido como dono de seus dados pessoais, conscientizando-se e entendendo o valor deles (Barreto, 2019).

A seguir, apontamos alguns exemplos de dados, citados por Jerusa Bohrer (2021), que se enquadrados na LGPD e, portanto, devem ser protegidos pelas empresas e profissionais que os solicitam. Nesse grupo, estão incluídos não apenas os *e-commerces*, mas também qualquer profissional ou empresa que os solicite, por exemplo, para elaborar um contrato (seja de prestação de serviços, seja de contratação de um trabalhador), ou mesmo para entrar em contato com você:

> » lista de e-mails de clientes;
> » sistema de monitoramento por meio de câmeras;
> » informações cadastrais de clientes em sistemas eletrônicos internos;
> » registros de informações de clientes em documentos físicos, como planilhas, fichas e demais documentos;
> » registro de informações sobre funcionários;

> » compartilhamento de informações de clientes com outras empresas parceiras e/ou fornecedoras;
> » uso de biometria para registro de entrada e saída de funcionários;
> » coleta dados pessoais para a realização de contratos ou concessão de descontos.

Você pode estar se perguntando como as empresas resolverão essa situação para se adequarem à lei, por isso explicaremos as bases legais da LGPD – situações em que o tratamento de dados pessoais é autorizado legalmente, de acordo com a Get Privacy (2022):

» **Consentimento**: uso para fins específicos mediante a autorização do titular dos dados, porém a empresa deve informar especificamente como os dados serão utilizados.

» **Cumprimento de obrigação legal ou regulatória**: uso necessário para garantia de cumprimento legal ou normativos, como a obrigatoriedade de armazenar dados e comprovantes de colaboradores por determinados períodos.

» **Execução de políticas públicas**: permite que o Poder Público trate e use de forma compartilhada dados pessoais necessários para implementar políticas públicas.

» **Estudos e pesquisa**: permite o uso de dados para o desenvolvimento de estudos conduzidos por órgãos de pesquisa, como o Instituto Brasileiro de Geografia e Estatística (IBGE) e o Instituto de Pesquisa Econômica Aplicada (Ipea). Especialmente em estudos em saúde pública, os dados devem ser tratados exclusivamente dentro do órgão de pesquisa e estritamente para a finalidade do estudo. Entretanto, a lei ressalta que, sempre que possível, deve ser feita a anonimização dos dados.

» **Execução de contrato:** permite o uso de dados pessoais para execução ou preparação de contrato do qual o titular seja parte, a pedido do titular.

» **Exercício regular de direitos:** considera a possibilidade do tratamento de dados para exercer direitos em processos judiciais, administrativos e arbitrais, porque a proteção de dados não impede seu uso dentro da legalidade para produzir provas e se defender em processos, garantindo o direito ao contraditório e à ampla defesa.

» **Proteção da vida:** permite o acesso a documentos de uma pessoa caso ela sofra um acidente e esteja impossibilitada de pedir socorro ou se comunicar com a família.

» **Tutela da saúde:** profissionais da saúde, serviços de saúde ou autoridade sanitária têm o amparo legal para tratar dados pessoais necessários para suas atividades.

» **Legítimo interesse:** o art. 10 da LGPD permite que os dados pessoais sejam tratados sem o consentimento do titular para atender aos interesses legítimos do controlador ou de terceiros, contudo esse uso não deve desrespeitar direitos e liberdades fundamentais do titular. Isso significa mais responsabilidades para a empresa que mantém os dados, pois precisará estar preparada para justificar esse uso. A lei também destaca, no parágrafo 1º do art. 10, que o legítimo interesse não justifica o tratamento de dados pessoais sensíveis.

» **Proteção do crédito:** os órgãos de proteção ao crédito têm permissão para incluir dados de consumidores em cadastros positivos e receber das empresas informações sobre pendências financeiras. Em outras palavras, o mercado continua consultando os órgãos de proteção ao crédito para avaliar o perfil do pagador.

Leitor, agora que você conheceu a LGPD, com certeza, entendeu sua importância e como ela deve ser aplicada.

Em função do espaço e do objetivo desta obra, apresentamos uma visão geral dessa lei, mas recomendamos que, independentemente de você ser dono de uma empresa ou um consumidor comum, consulte um especialista da área para que, como empresário, não cometa nenhuma falha e seja penalizado por isso, ou, como consumidor, seja desrespeitado em sua privacidade.

A seguir, trataremos de um assunto essencial aos resultados de um varejo digital: o pagamento.

6.2
Pagamento

Já comentamos sobre o medo que muitas pessoas sentiam, no início das vendas *on-line*, de comprar um produto e levar um golpe. Atualmente, a maior parte dos consumidores já não é tão temerosa, apesar de os golpes continuarem acontecendo, principalmente no que envolve pagamento.

Diferentemente da loja física, onde o cliente paga e já leva seu produto, no *e-commerce* o pagamento pode ser feito de várias maneiras, o que exige um suporte de segurança muito mais complexo, que traga confiança a ambas as partes (Lotufo, 2017).

Além disso, a empresa precisa oferecer vários meios de pagamento para evitar perder a compra em razão de o cliente não dispor de opções quanto às formas de pagamento. Por exemplo, certa vez, fiz uma compra pelo WhatsApp e a empresa enviou um *link* para pagar com cartão de crédito. Não sei o que aconteceu, mas não consegui pagar pelo *link*. Entrei em contato pedindo outra opção de pagamento, mas simplesmente não tinha! Não adiantou pedir uma conta corrente para fazer uma transferência do valor, pois, segundo a empresa, não era possível. Em suma, não comprei o produto, fiquei extremante frustrada, pois não dispunha de tempo para comprar em outro lugar e tive de entregar o presente atrasado.

Então, para que isso não aconteça em seu *e-commerce*, é importante conhecer as formas disponíveis de pagamento para oferecê-las a seus clientes. Certamente, oferecer o meio de pagamento que mais agrada seu consumidor é essencial para levá-lo a finalizar a compra ou a abandonar o carrinho. Logo, o sucesso do negócio depende, também, do conhecimento que você tem sobre suas preferências para pagamento (Mercado Pago, 2021).

Fernando Bompan (2021) conta sobre um estudo realizado pela GMattos, consultoria focada em *e-commerce* e meios de pagamento, que analisou os 60 maiores *players* de vendas *on-line* e constatou que o cartão de crédito continua sendo o meio de pagamento mais aceito pelos lojistas (98,3%), seguido pelo boleto bancário (75%), pelas carteiras digitais (50%), depois, pelo débito (38,3%) e, por fim, pelo PIX (16,7%).

A seguir, trataremos, de forma breve, sobre cada um desses métodos.

Boleto bancário

Justamente por ser uma forma de pagamento à vista, muitos *e-commerces* oferecem descontos para quem opta pelo boleto (Mercado Pago, 2021). O boleto surgiu há mais de 20 anos para solucionar o problema de pagamento de contas entre diferentes bancos. De maneira bem resumida, a empresa emite o boleto e o envia para o cliente. Com isso, ele pode pagar o documento usando a linha digitável ou o código de barras em qualquer agência (Entenda..., 2021).

Como explica Lotufo (2017),

> Uma das vantagens deste tipo de pagamento é que qualquer pessoa pode ter acesso a essa modalidade, independente de possuir cartão de crédito ou débito, ou mesmo uma conta bancária, já que é possível efetuar esse pagamento em bancos diretamente na boca

do caixa, em lotéricas, postos dos Correios, caixas eletrônicos ou através de internet banking. Uma desvantagem é a demora na finalização da operação, já que a confirmação de pagamento pode demorar até 5 dias úteis.

Existem dois tipos de boleto: 1) proposta/oferta e 2) cobrança/dívida. No *e-commerce*, usamos o primeiro tipo porque, se o pagamento ocorrer até a data do vencimento, significa que a oferta foi aceita, mas, se não ocorrer o pagamento, significa que houve a desistência da compra, o que não traz nenhuma consequência para o consumidor, como protestos por inadimplência. (Entenda..., 2021).

Até 2018, era possível classificar os boletos em "com registro", que continha informações sobre o cedente (quem receberá), o pagador (quem pagará), o valor cobrado, a data de vencimento, o código, entre outras que eram repassadas ao banco e armazenadas em uma base de dados; e "sem registro", cujas informações não eram armazenadas pelo banco. A maioria das empresas de *e-commerce* utilizava o boleto sem registro. A tarifa do boleto sem registro era cobrada pelo banco somente quando o boleto fosse pago, ou seja, não havia custo de emissão. As tarifas sobre o boleto com registro podiam incidir sobre as ações de registro, alterações ou cancelamento dos boletos (Entenda..., 2021).

Como os dados do cedente, em um boleto sem registro, podiam ser alterados e outra pessoa receber o pagamento, desde 2018, os boletos sem registro foram eliminados pela falta de segurança. Desde então, utilizamos somente boletos registrados, mesmo que, para os *e-commerces*, represente mais custos como os de:

» registro, que é cobrado mesmo se o boleto não seja pago;
» liquidação, quando o banco recebe o valor referente ao boleto;

» permanência ou manutenção, que o banco pode cobrar se o boleto permanecer em aberto;

» baixa do boleto, após o vencimento, ou registro do boleto, o banco pode fazer os *downloads* dele fora da plataforma;

» alteração, cobrados por alguns bancos em caso de alteração nos dados de um boleto.

No entanto, apesar de aumento nos custos, o uso dos boletos com registro trouxe algumas vantagens: o processo é muito mais seguro para empresas de *e-commerce* e seus clientes; o gestor tem maior controle dos processos de venda; há uma redução de erros nos cálculos de multas e de encargos em boletos vencidos; não há pagamento em duplicidade. Além disso, o cliente pode fazer os pagamentos em qualquer banco, mesmo após o vencimento, sem precisar pedir emissão da 2ª via de boletos.

Com relação ao processamento do boleto (registrado), quando o boleto é emitido, um arquivo digital é enviado ao banco em que o pagamento será feito. No boleto, constam todas as informações para identificar a pessoa/empresa que fará o pagamento: CPF/CNPJ, endereço, valor, prazo e eventuais encargos que o banco que vai receber precisa ter. No momento do pagamento, uma consulta é feita de maneira automática para checar as informações que, se estiverem corretas, confirmam a operação. Caso contrário, o pagamento não é autorizado (Entenda..., 2021).

Interessante refletir que muitas pessoas optam pelo boleto não porque não têm cartão de crédito ou conta em banco, mas porque não querem fornecer os dados de seu cartão de crédito, justamente por medo de algum golpe.

Enfim, seja qual for a razão que leva o consumidor a optar por essa forma de pagamento, as empresas devem mantê-la, mesmo havendo custos (Entenda..., 2021).

Cartão de crédito

O método preferido em compras *on-line* oferece a vantagem de o cliente programar o pagamento para uma data mais conveniente ou, quando disponível, parcelar as compras.

Muitos compradores preferem esse método em razão da segurança e da facilidade de estorno. Por esse motivo, é muito importante oferecer as principais bandeiras de cartões de crédito (Mercado Pago, 2021).

Carteiras digitais

Conhecida também como *e-wallet*, ou digital *wallet*, ela é equivalente, no mundo *on-line*, à carteira física. Trata-se de um dispositivo eletrônico ou serviço *on-line* que os consumidores utilizam para realizar transações eletrônicas. Nela, os usuários podem guardar, de maneira segura, seus dados bancários e detalhes do cartão. Outra possibilidade é também adicionar dinheiro na carteira (como um cartão pré-pago) e usá-lo para as transações de pagamento (Lopez, 2019).

Elas servem para facilitar o processo de compra no *e-commerce* porque simplificam o pagamento, tornando o processo mais rápido e eficiente, sendo mais uma forma de implementar métodos de pagamento adicionais para os clientes (Mercado Pago, 2021). As carteiras digitais mais populares são o PayPal, Apple Pay, Android Pay e Samsung Pay. No Brasil, as *e-wallets* mais comuns incluem também PagSeguro, Stelo e Mercado Pago (Lopez, 2019).

Agora, esclareceremos alguns conceitos que podem confundir você. Diferentemente das carteiras digitais, um *gateway* de pagamento seria, no mundo digital, similar à maquininha de cartão. Isso quer dizer que o *gateway* é uma ponte entre o *site* e as adquirentes de cartão ou bancos, fornecendo uma solução técnica que serve para autorizar os pagamentos com cartões.

Ao utilizar um *gateway* de pagamento, o *e-commerce* precisa fazer contratos com bancos e adquirentes, bem como com o provedor do *gateway*. A diferença é que as carteiras digitais ficam armazenadas no dispositivo do usuário e o *gateway* de pagamento (ou o processador de pagamento). Por exemplo, a PagBrasil é um canal para a transação de pagamento entre o comprador e a loja. Os consumidores podem escolher pagar por meio da carteira digital, mas o *site* precisará de um *gateway* ou processador de pagamento para completar a transação (Lopez, 2019).

Em outras palavras, a carteira digital é a carteira em que o cliente guarda seu cartão de crédito ou dinheiro (de modo virtual), e o *gateway* é a maquinha (virtual) de cartão da loja.

Pix

Criado para ser uma opção mais prática do que os tradicionais DOC, TED e boletos, o Pix é um tipo de transação fácil e rápida para pagar e receber dinheiro. Uma grande vantagem é que o pagamento pode ser realizado 24 horas por dia, qualquer hora do dia, sete dias por semana (inclusive, finais de semana e feriados). As transações podem ser entre pessoas físicas, entre pessoas jurídicas e entre pessoas física e pessoas jurídicas. Portanto, com o Pix, as empresas podem receber pagamentos instantâneos no *e-commerce* (Mercado Pago, 2021).

Contudo, esse método precisa ser otimizado para ser mais utilizado. No *e-commerce*, dependemos da confirmação de disponibilidade do produto no estoque, assim como uma análise de risco antes da confirmação do pagamento e comprometimento da conta do cliente. No cartão de crédito, como há uma plataforma tecnológica de autorização padronizada que ocorre em duas fases – pré-autorização e captura –, esse problema é minimizado (Bompan, 2021). Contudo, o Pix não funciona assim.

Pode ocorrer de o consumidor finalizar o pagamento via Pix, mas a loja não ter o produto no estoque e precisar devolver esse dinheiro, o que, em uma negociação empresa-cliente, pode ser mais complexo (não é funcional como se fosse como um pagamento via cartão de crédito). Portanto, ainda faltam padrões de interoperabilidade do Pix, pois não existem regras claras de negócio no ambiente do *e-commerce*. Mesmo assim, o Pix tem demonstrado um movimento crescente na sua utilização no *e-commerce* (Bompan, 2021).

Cartão de débito

O sucesso desse método é bastante conhecido nas transações *off-line* e pode ser uma alternativa prática e vantajosa para o *e-commerce*, principalmente com relação ao boleto bancário. Em razão de um novo protocolo de segurança para transações, o débito poderá tornar-se uma alternativa mais utilizada em lojas virtuais. O cartão de débito virtual da Caixa, por exemplo, já tem tornado essas transações mais simples e possíveis (Mercado Pago, 2021).

Enfim, pesquisas anteriores já comprovaram que as opções de pagamento têm uma forte influência no comportamento do consumidor. Isso significa que o pagamento não é apenas a etapa final da jornada do cliente, mas é considerado um aspecto essencial que envolve dois ativos valiosos do cliente: informações confidenciais de pagamento e dinheiro (Moreira, 2020, citado por Deufel; Kemper; Brettei, 2019). Assim, encontrar o meio de pagamento que mais agrada os consumidores pode ser um fator decisivo na hora de um cliente finalizar a compra ou abandonar o carrinho. Por isso, é essencial para o sucesso do negócio conhecer e entender os hábitos de compra do consumidor digital (Mercado Pago, 2021).

6.3
Segurança

Apesar da evolução da segurança de dados no *e-commerce* brasileiro, com a queda de 15,4% nas tentativas de fraude desde 2017, um estudo identificou que o *e-commerce* brasileiro sofre uma tentativa de fraude (compras com cartão de crédito clonados) a cada cinco segundos. Esses dados, compartilhados no *site* da E-commerce Brasil, foram levantados pela Konduto, empresa brasileira de antifraude. O estudo também identificou que o índice de tentativas de golpes virtuais foi de 3,03%, ou seja, uma transação fraudulenta a cada 33 processadas no comércio eletrônico (E-commerce Brasil, 2018).

Isso significa que a segurança no mundo digital é essencial, contudo, nos *e-commerces*, que realizam transações *on-line* e coletam dados dos consumidores, ela merece ainda mais atenção. Nesse contexto, as empresas podem sofrer ataques de criminosos buscando dados dos clientes, como fraudes em compras com cartões clonados ou outros tipos de golpes. Portanto, a segurança no *e-commerce* é fundamental não somente para as operações, mas também para transmitir confiança aos clientes.

Ilhe (2021) aponta alguns aspectos essenciais no quesito segurança:

» **Use uma plataforma segura**: todas as plataformas têm seus pontos fortes e fracos com relação a questões de segurança, portanto é preciso analisar qual oferece melhor o custo-benefício.

» **Faça varredura de malware**: como os criminosos sempre estão criando novas formas de atacar o ambiente virtual, constantemente verifique possíveis *malwares* (vulnerabilidades e códigos maliciosos), pois eles podem colocar em risco o *site*, roubar dados e infectar os clientes. As plataformas já oferecem esse tipo de serviço, confira antes de contratar.

» **Utilize senhas fortes**: combine números, letras (maiúsculas e minúsculas) e símbolos, (tanto você como seus clientes). Também, se possível, use a autenticação de dois fatores.

» **Faça *backups*:** se a empresa for atacada, suas informações estarão seguras. Contudo, deve ser feito com certa frequência para minimizar os prejuízos em caso de ataques.

» **Utilize *plugins* autênticos:** muitas vezes, o arquivo funciona de modo normal mesmo infectado, sendo difícil saber se é realmente seguro ou se pode oferecer alguma ameaça. Se utilizar uma plataforma de código aberto, a empresa deve escolher sempre módulos desenvolvidos de maneira confiável. A dica é contar com uma empresa especializada para auxiliar nas atualizações necessárias.

Outro ponto essencial no que diz respeito à segurança é o gerenciamento dos dados dos clientes.

Por conta da implementação da LGPD (lei geral de proteção de dados), comentando no início deste capítulo, a empresa precisa deixar muito claro que está coletando os dados e qual o motivo de fazê-lo. Ou seja, "os dados dos clientes devem receber um gerenciamento cuidadoso, já que eles são cobiçados por muitos criminosos. Procure pedir apenas as informações necessárias e armazene-as separadamente de outros arquivos do site" (Ilhe, 2021). Ainda, como já abordado, a criptografia de dados (SSL) também é essencial para mantê-los seguros.

Por fim, Ilhe (2021) orienta-nos a buscar por selos de segurança, aquelas imagens que aparecem na loja virtual mostrando os serviços utilizados e, acima de tudo, garantindo que as transações passarão por um procedimento seguro, preservando os dados dos compradores e evitando fraudes.

Vejamos algumas vantagens:

» aumentar a confiança aos seus usuários;
» fornecer uma vantagem competitiva;
» aumentar o ranqueamento no Google mostrando que o seu *site* é seguro.

Como explica Gonçalves (2018, grifo nosso), existem dois tipos de selos:

O **selo estático** é um arquivo de imagem, inserida normalmente no rodapé do site, informando que ele possui o certificado SSL. Apenas uma imagem com a logo da autoridade certificadora, indicando que o site possui aquele certificado específico.

O **selo dinâmico** é um arquivo de imagem gerada dinamicamente, inserida normalmente no rodapé do site. A diferença é que o selo dinâmico é uma imagem clicável, ou seja, ela possui algumas informações adicionadas através de um link.

Os selos de segurança mais utilizados são:

» **Certificado SSL** – *Secure Socket Layer* (SSL) é um padrão global em tecnologia de segurança que usa a criptografia. Esclarecemos que a criptografia é um conjunto de artifícios de segurança que codifica e depois decodifica os dados para a recepção e envio destes, de forma segura. Dessa maneira, a criptografia diminui a possibilidade de pessoas e sistemas não autorizados invadirem um *site*, uma loja e roubarem os dados de uma transação (Bragança, 2020).

O certificado SSL criptografa os dados pessoais e bancários conforme eles são enviados para o servidor, o que assegura que essas informações não serão capturadas durante o processo. Os usuários podem saber se uma loja tem ou não o certificado SSL ao olhar a URL e ver que, em vez de HTTP, estará escrito HTTPS (a última letra é o "S" de segurança/*secure*) e também pela presença do desenho de um cadeado. Dessa forma, a loja transmite mais confiança aos clientes e ainda melhora seu ranqueamento nos mecanismos de busca. Além disso, se a empresa quer anunciar no Google Shopping, por exemplo, é a obrigada a ter esse certificado (Ilhe, 2021).

Como explica Renkel (2020), existem diversos tipos de certificados SSL:

» Validação de domínio: seu processo de emissão é mais rápido. Pode até ser feito por meio de *e-mail*.

» Validação organizacional: mais completa, exige mais informações para finalizar o processo de emissão (nome, CNPJ, telefone e endereço da empresa). Ao fazer essa validação, você receberá um selo dinâmico para inserir em seu *site*, mostrando todos os dados confirmados sobre sua organização.

» Validação estendida: para sua emissão, é necessário enviar alguns documentos, por isso a validação demora, em média, cinco dias.

» **SiteLock**: serve para proteger o *site* e gerar confiança nos consumidores. Ele faz varreduras no *site*, identifica vulnerabilidades e protege ele contra diversos tipos de ameaças. Portanto, ele faz verificação diária de *malwares* e os remove automaticamente protegendo, assim, o *site* e os visitantes. A ferramenta oferece vários planos, que variam conforme o tipo de verificação, frequência e número de páginas que serão protegidas (Renkel, 2020). Vantagens do SiteLock :

» Proteção: uma das maiores vantagens do SiteLock é a proteção, dificultando as ações de criminosos digitais.

» Confiança e credibilidade: verificar se um *site* é seguro antes de comprar passou a ser rotina para muitos usuários buscam ver as autenticidades dos selos que a loja possui.

» PageRank: é fato que o Google se preocupa com segurança, e por isso quanto mais segurança maior chance de ficar bem-posicionado.

» Preço: existem planos básicos, com preço razoáveis, mas que já traz grandes resultados para o e-Commerce.

» **Reclame Aqui**: apesar de não proteger um *site* contra invasões, é um dos mais conhecidos pelos clientes e ajuda a melhorar a reputação de uma loja. Trata-se de um selo que é obtido somente por empresas que tem bom atendimento e boa capacidade em solucionar problemas (Renkel, 2020).

» **Site Blindado**: empresa especialista em segurança que detecta vulnerabilidades na segurança do e-commerce, protege os dados dos clientes e envia diagnósticos que podem ajudar a solucionar eventuais problemas (Ilhe, 2021).

» **Outros selos**: Norton Secured (tem reconhecimento internacional), E-bit (avalia a reputação de lojas virtuais por meio de pesquisas com os próprios consumidores), ClearSale, Comodo, Certisign

A seguir, trataremos de algumas leis que surgiram para proteger os consumidores, considerados o elo mais frágil da cadeia e que, muitas vezes, precisaram ser amparados pela justiça para ver seus diretos garantidos.

6.4
Código de Defesa do Consumidor aplicado ao varejo *on-line*

CDC[1] é a sigla de Código de Defesa do Consumidor. Antigamente, antes de sua criação, os consumidores ficavam muito desprotegidos. Por exemplo, poucos produtos mostravam tabela nutricional ou até mesmo prazo de validade. Em matéria publicada

---

1 Faça um *download* gratuito para sua consulta: BRASIL. Senado Federal. **Código de Defesa do Consumidor e normas correlatas**. 2. ed. Brasília: DF, 2017. Disponível em: <https://www2.senado.leg.br/bdsf/bitstream/handle/id/533814/cdc_e_normas_correlatas_2ed.pdf>. Acesso em: 24 jan. 2022.

no Uol sobre os 25 anos do CDC, o advogado Marcelo Sodré, diretor do Procon-SP nos anos 1980, conta que, antigamente, "o leite era vendido apenas com a informação de que valia até segunda, terça, quarta etc., possibilitando que muitas empresas descongelassem leite vencido na semana anterior e colocassem à venda de novo, como se ainda estivessem no prazo" (Freitas, 2015).

Contudo, as mudanças que surgiram a fim de proteger os consumidores não foram recebidas de maneira positiva por todos. Os empresários afirmavam que colocar data de validade em todos os produtos era inviável, alegando que não tinham como imprimir e inserir essa informação em todas as embalagens. Além disso, eles achavam que tal ação prejudicaria a mensagem publicitária. Anterior ao surgimento do CDC, as relações existentes entre consumidores e empresas seguiam somente o Código Civil (que era de 1916) e a Constituição Federal, além de umas poucas leis na área de alimentos (Freitas, 2015).

Normalmente antes do CDC, se o consumidor entrasse com uma ação contra uma empresa, era ele que deveria provar que o produto tinha algum defeito. Tal fato, além de desestimular o consumidor a procurar a Justiça, limitava a atuação dos Procons. No entanto, com o surgimento da CDC, que é considerado uma das leis sobre consumo mais completas do mundo, as empresas foram obrigadas a fornecer informações sobre qualidade, quantidade, composição, preço, garantia, prazo de validade e origem (Freitas, 2015)

No entanto, o CDC começou a vigorar em 1990 (Lei n. 8.078/1990) ou seja, antes da popularização da internet no Brasil. Esse fato trouxe grandes mudanças nos hábitos de consumo dos brasileiros, que começaram a compra pela internet (Campos, 2020). Contudo, como o CDC foi escrito antes disso, não previa situações de compras que poderiam ocorrer no ambiente digital. Para resolver tais situações, em

2013, foi decretada a Lei do E-commerce (Decreto Federal n. 7.962/2013) que regulamentou o Código de Defesa do Consumidor em relação ao comércio eletrônico que tinha como foco criar regras específicas para as relações comerciais eletrônicas (O que é..., 2020). Três pontos foram focados:

» **Clareza e disponibilidade de informações:** o cliente deve ter fácil acesso, além informações sobre o produto ou serviço, o acesso aos dados da empresa (CNPJ, endereço, telefone etc.).

» **Suporte imediato ao cliente:** é essencial que o atendimento ao cliente esteja sempre disponível a fim de que seja possível garantir que o consumidor tenha suas dúvidas e problemas sanados.

» **Direito de arrependimento:** a partir do recebimento do produto, o consumidor tem até sete dias úteis para cancelar a compra, cuja devolução deve ocorrer sem nenhum desconto ou nova cobrança.

Enfim, o Decreto n. 7.962/2013, o Marco Civil da Internet e a Lei Geral de Proteção de Dados regulamentaram algumas situações do comércio eletrônico, no entanto, principalmente em razão do aumento das fraudes, uma atualização é necessária (Campos, 2020).

6.5
Tendências para o varejo *on-line*

Escrever sobre tendências pode ser desafiador e cruel. As tecnologias estão evoluindo de uma forma tão rápida que, até a publicação deste livro, pode ser que tudo que escrevi aqui já seja uma realidade, ou que muitas dessas tendências não tenham se concretizado.

Trabalhei muitos anos com previsão de vendas em uma grande indústria cosmética e precisava calcular tendências.

Trabalho difícil, igual ao de um goleiro: se acertava, não fazia mais do que a minha obrigação, mas quando errava... Mesmo assim, era importante fazê-lo para dar um norte à empresa. Por isso, vamos falar em tendências no *e-commerce*, inclusive, porque muitas delas surgiram ou foram reforçadas em razão da pandemia de covid-19.

A primeira e mais notável é com relação aos consumidores. Com a limitação da circulação, muitas pessoas que nunca tinham comprado pela internet tiverem de fazê-lo. Tanto que cerca de 7,3 milhões de brasileiros compraram pela primeira vez na internet em 2020 (Web Shoppers/Ebit, 2020).

Moraes (2021) destaca outro ponto importante: a entrada no mercado de trabalho de jovens que já nasceram conectados e têm muito mais facilidade para fazer compras *on-line*. Isso significa um aumento na base dos usuários, com diferentes perfis, e que precisam ser atendidos em suas especificidades.

Outra tendência forte, que já vem há alguns anos apontando no horizonte, é o *omnichannel* (canais de vendas *on-line* e *off-line* integrados). Nesse cenário, o termo *plataforma de comércio unificado* logo será realidade e integrará múltiplos canais de venda, oferecendo aos consumidores uma experiência de compras ininterrupta (Moraes, 2021). Isso significa que os clientes podem comprar na internet e, de modo muito fácil, buscar o produto ou até realizar uma troca na loja física, por exemplo.

Neste ponto, podemos destacar a importância da logística, que sempre foi um gargalo quando se trata de *e-commerce*. A logística dificultava o crescimento dos *e-commerces*. Contudo, em razão da pandemia, as empresas tiveram de investir em logística, como o desenvolvimento de serviços de entrega do tipo *last mile* (a entrega do centro de distribuição para a casa dos consumidores), considerado um dos trechos mais complicados e onerosos (Salomão, 2020).

Logicamente, as grandes empresas têm vantagem nesse quesito, porém as empresas menores conseguiram movimentar-se e surgiu outra tendência: o fortalecimento do comércio local. As empresas dos bairros começaram a utilizar o WhatsApp e as redes sociais para vender. Por sua vez, os consumidores também passaram a buscar por produtos locais, ajudando esses pequenos negócios (Salomão, 2020).

Claro que isso leva a outra tendência: as grandes empresas, de olho nesse movimento, estão abrindo lojas menores em bairros, o que ajuda na logística, por exemplo, de entrega de produtos frescos no comércio eletrônico. Até a alguns anos atrás, isso era inimaginável. Nesse sentido, a abertura de lojas de conveniência perto de casa ou do trabalho é um fato que tem impacto também no comércio eletrônico, facilitando o processo de entrega (Salomão, 2020).

A usabilidade (UX – *user experience*) também será fundamental, pois o consumidor está mais exigente e quer ter a melhor experiência possível. Ou, ainda, como já mencionado, tivemos, e teremos, cada vez mais pessoas comprando *on-line* pela primeira vez, portanto a usabilidade precisa ser averiguada para analisar se essas pessoas, com pouco conhecimento em compras no *e-commerce*, conseguirão ter boas experiências. Complementando essa tendência, temos a *page experience* do Google, que torna a usabilidade um fator de ranqueamento (Moraes, 2021).

As formas de pagamento também estão se modificando e até falamos de algumas delas. Espera-se que o uso do Pix aumente reduzindo a reserva de estoque no *e-commerce* que acontece quando o consumidor não paga o boleto.

Privacidade, como vimos quando abordamos a LGPD, já é realidade, e as empresas de varejo *on-line* precisam adequar-se. O mais urgente é informar como é feita a coleta de dados de usuários em sua loja virtual e como as informações obtidas serão usadas (você já deve ter percebido que, agora, as empresas perguntam sobre os *cookies* e onde elas poderão usá-los). Com relação aos aspectos da privacidade, surgem os famosos *cookies*, *apps* conhecidos como *cookiebot*, que poderão auxiliar nessa tarefa (Moraes, 2021).

O conteúdo vai se tornar mais importante do que nunca, pois milhares de lojas virtuais surgem todos os dias no Brasil, muitas delas são empresas que viram suas vendas despencarem nas lojas físicas como consequência da pandemia e resolveram migrar para o ambiente digital.

Dessa forma, a concorrência no mundo *on-line* será cada vez maior, por isso, para se diferenciar, o *marketing* de conteúdo (em *sites*, *blogs*, redes sociais – tratamos dele no Capítulo 5) é uma estratégia primordial, pois atrai leitores interessados em bons conteúdos que acabam se transformando em clientes (Moraes, 2021).

Como já dissemos, não temos certeza se as tendências irão se concretizar ou, ao contrário, se as mudanças serão tão rápidas que, quando você estiver lendo estas páginas, elas já sejam algo comum. Vamos combinar o seguinte: faremos uma espécie de cápsula do tempo. Quando você ler esta parte do livro, acesse a minha rede social[2] e mande uma mensagem a respeito do que você percebeu que se concretizou ou não, combinado? Então, a gente se encontra no futuro!

---

2 Perfil da autora: <https://www.linkedin.com/in/shirlei-camargo-prof-dra-em-estratégia-de-marketing-494b5987>.

conside-
rações
finais

A transformação digital que vem ocorrendo, principalmente em razão dos aspectos tecnológicos e dos novos modelos negócios, altera cada vez mais o varejo.

Se, outrora, podíamos comprar por catálogo, por telefone ou indo à loja física, atualmente, o comércio mundial está apenas a distância de um clique. Por essa razão, esta obra buscou oferecer ferramentas para conhecermos mais desse mundo fantástico.

Para atingir nosso objetivo, apresentamos, inicialmente, os conceitos bases do varejo digital e sua relação com o varejo físico, para pudéssemos refletir sobre a importância de proporcionar a experiência aos consumidores virtuais.

Com o objetivo de nos aprofundarmos, abordamos as potencialidades de personalização e customização possibilitadas pelos canais virtuais de venda, desde a experiência do consumo nos mais diversos canais de venda.

Em seguida, tratamos dos principais segmentos do varejo digital, com destaque para a jornada de compras do usuário e as estratégias de venda e promoção de produtos.

Também analisamos os recursos tecnológicos presentes no mercado e as possibilidades de aplicação da tecnologia em diferentes contextos, evidenciando as possibilidades de aplicação da tecnologia nesse mercado.

Para concluir, abordamos dois temas essenciais do *e-commerce*: o cliente e a segurança. Ressaltamos que as características do consumidor *on-line* devem ser conhecidas e aplicadas como estratégia porque ele deve ter suas necessidades e seus desejos atendidos como em qualquer outro comércio. No entanto, a insegurança do ambiente digital ainda é uma fragilidade não apenas para clientes, mas também para empresas. Nesse sentido, reunimos, por fim, a opinião de especialistas no assunto *segurança*, para que o varejo *on-line* evolua ainda mais nesse quesito.

Nosso intuito com esta obra foi tratar de conceitos básicos sobre o varejo digital para inspirá-lo a buscar mais conhecimento sobre essa área tão essencial e em franca evolução. Esperamos que tenha sido proveitoso e agradável.

lista de siglas

CDC – Código de Defesa do Consumidor

CE – Comércio Eletrônico

BLE – Bluetooth Low Energy/Bluetooth de baixa energia

CRM – Customer Relationship Managemen/Gestão de Relacionamento com o Cliente

ERP – Enterprise Resource Planning/Sistema Integrado de Gestão Empresarial

GPS – Global Positioning System/Sistema de Posicionamento Global

HTTPS – Hyper Text Transfer Protocol Secure

LGPD – Lei Geral de Proteção de Dados Pessoais

ID – Identity/Identidade

IoT – Internet das Coisas

M2M – Machine to Machine/Máquina para Máquina

PIM – Product Information Management/Gerenciamento de Informações de Produtos

PWA – Progressive Web App

RFID – Radio Frequency Identification/Identificação por Radiofrequência

ROI – Return over Investment/Retorno sobre o investimento

SSL – Secure Sockets Layer

WHM – WebHost Manager

refe-
rências

ALBERTIN, A. L. **Comércio eletrônico**: modelo, aspectos e contribuições de sua aplicação. São Paulo: Atlas, 2010.

ALMEIDA, L. F. M. de; SOARES, A. M. O uso do conceito varejo 4.0 em uma importante rede varejista do Paraná. CONGRESSO BRASILEIRO DE ENGENHARIA DE PRODUÇÃO, 9., 2019. Ponta Grossa. **Anais...** São Paulo: APREPRO, 2019. Disponível em: <http://aprepro.org.br/conbrepro/2019/anais/arquivos/10202019_191048_5dace360b6321.pdf>. Acesso em: 24 jan. 2022.

ALMEIDA, M. R. O varejo virtual na realidade do consumidor e lojas físicas no Brasil. **Periódico Científico Negócios em Projeção**, v. 5, n. 2, 2014, p. 1-19. Disponível em: <http://revista.faculdadeprojecao.edu.br/index.php/Projecao1/article/viewFile/402/359>. Acesso em: 24 jan. 2022.

ALVES, E. B. **5 dicas para quem quer empreender em marketplaces**. 2020a. Disponível em: <https://www.uninter.com/noticias/5-dicas-para-quem-quer-empreender-em-marketplaces>. Acesso em: 24 jan. 2022.

ALVES, E. B. **70% da população vai continuar comprando online, mesmo após a pandemia**. 19 jun. 2020b. Disponível em: <https://www.uninter.com/noticias/70-da-populacao-vai-continuar-comprando-online-mesmo-apos-a-pandemia>. Acesso em: 24 jan. 2022.

ALVES, E. B. O consumo digital e os *baby boomers*: o desafio da integração das experiências reais e virtuais do Varejo. **Inovadores & inquietos**, 22 mar. 2021. Disponível em: <https://inovadoresinquietos.com.br/blog/o-consumo-figital-e-os-baby-boomers-o-desafio-da-integracao-das-experiencias-reais-e-virtuais-do-varejo>. Acesso em: 24 jan. 2022.

ALVES, P. O que são cookies? Entenda os dados que os sites guardam sobre você. **Techtudo**, 4 out. 2018. Disponível em: <https://www.techtudo.com.br/noticias/2018/10/o-que-sao-cookies-entenda-os-dados-que-os-sites-guardam-sobre-voce.ghtml>. Acesso em: 24 jan. 2022.

BAKER, M. **Administração de marketing**. 5. ed. Rio de Janeiro: Campus, 2005.

BARONE, A. H. S. Mudanças importantes no comportamento do consumidor ao longo dos últimos 20 anos. **E-commerce Brasil**. 27 mar. 2019. Disponível em: <https://www.youtube.com/watch?v=JoG8QkBCMXE>. Acesso em: 24 jan. 2022.

BARRETO, G. "Novo bug do milênio" ou solução para o futuro dos dados pessoais? **Serpro**, 15 ago. 2019. Entrevista. Disponível em: <https://www.serpro.gov.br/lgpd/noticias/lgpd-novo-bug-milenio-ou-solucao-futuro-dados-pessoais>. Acesso em: 24 jan. 2022.

BELMIRO, N. J. (Org.). **Sistemas computacionais**. São Paulo: Pearson, 2014.

BINNIE, L. **The Future of Omni-Channel Retail**: Predictions in the Age of Amazon. Emerald Lake Books, 2018. e-book.

BOHRER, J. Exemplos de tratamento de dados pessoais LGPD. **Implementando a LGPD**, 2021. Disponível em: <https://www.implementandoalgpd.com.br/blog/exemplos-de-tratamento-de-dados-pessoais-lgpd/>. Acesso em: 24 jan. 2022.

BOMPAN, F. Estudo revela aceitação baixa do Pix no e-commerce. **Valor Econômico**, 8 mar. 2021. Disponível em: < https://valor.globo.com/financas/noticia/2021/03/08/estudo-revela-aceitacao-baixa-do-pix-no-e-commerce.ghtml>. Acesso: 24 jan. 2022.

BRAGANÇA, E. Segurança de dados no e-commerce: a criptografia e a logística como diferencial competitivo. **E-commerceBrasil**, 10 ago. 2020. Disponível em: <https://www.ecommercebrasil.com.br/artigos/seguranca-de-dados-no-e-commerce-a-criptografia-e-a-logistica-como-diferencial-competitivo/>. Acesso em: 24 jan. 2022.

BRASIL. Lei n. 8.078, de 11 de setembro de 1990. **Diário Oficial da União**, Brasília, 11 set. 1990. Disponível em: <http://www.planalto.gov.br/ccivil_03/leis/l8078compilado.htm>. Acesso em: 24 jan. 2022.

BRASIL. Lei n. 9.610, de 19 de fevereiro de 1998. **Diário Oficial da União**, Brasília, DF, 20 fev. 1998. Disponível em:<http://www.planalto.gov.br/ccivil_03/leis/l9610.htm>. Acesso em: 24 jan. 2022.

BRASIL. Lei n. 10.406, de 10 de janeiro de 2002. **Diário Oficial da União**, Brasília, 11 jan. 2002. Disponível em: <http://www.planalto.gov.br/ccivil_03/leis/2002/l10406compilada.htm>. Acesso em: 24 jan. 2022.

BRASIL. Lei n. 12.965, de 23 de abril de 2014. **Diário Oficial da União**, Brasília, DF, 24 abr. 2014. Disponível em: <http://www.planalto.gov.br/ccivil_03/_ato2011-2014/2014/lei/l12965.htm>. Acesso em: 24 jan. 2022.

BRASIL. Lei n. 13.709, de 14 de agosto de 2018. **Diário Oficial da União**, Brasília, 15 ago. 2018. Disponível em: <http://www.planalto.gov.br/ccivil_03/_ato2015-2018/2018/lei/l13709.htm>. Acesso em: 24 jan. 2022.

BRASIL, V. S. Experiência de consumo: aspectos conceituais, abordagens metodológicas e agenda de pesquisa. In: ENCONTRO DA ANPAD, 31., 2007, Rio de Janeiro. **Anais**... Rio de Janeiro: EnANPAD, 2007. Disponível em: <http://www.anpad.org.br/diversos/down_zips/33/MKT-B3096.pdf>. Acesso em: 24 jan. 2022.

CAMPOS, A. C. Código de Defesa do Consumidor faz 30 anos; compras online crescem. **Agência Brasil**, 2020. Disponível em: <https://agenciabrasil.ebc.com.br/geral/noticia/2020-09/codigo-de-defesa-do-consumidor-faz-30-anos-compras-online-crescem>. Acesso em: 24 jan. 2022.

CARDOSO, S.; KAWAMOTO, M. H.; MASSUDA, E. M. Comércio eletrônico: o varejo virtual brasileiro. **Revista Cesumar Ciências Humanas e Sociais Aplicadas**, v. 24, n. 1, p. 117-134, jan./jun. 2019. Disponível em: <https://periodicos.unicesumar.edu.br/index.php/revcesumar/article/view/7440/3500>. Acesso em: 24 jan. 2022.

CERVIERI JÚNIOR, O. et al. Tecnologias emergentes aplicáveis ao varejo. **BNDES Setorial**, n. 42, p. 131-166, 2015. Disponível em: <https://web. bndes.gov.br/bib/jspui/bitstream/1408/9556/1/BNDES%20Setorial%20 42%20Tecnologias%20emergentes%20aplic%C3%A1veis%20ao%20 varejo_P_BD.pdf>. Acesso em: 24 jan. 2022.

CHAFFEY, D. **Gestão de e-business e e-commerce**. Rio de Janeiro: Elsevier, 2014.

CHRISTINO, J. M. M. et al. Análises dos motivos da rejeição da ferramenta remarketing. **Revista Brasileira de Marketing**, v. 19, n. 3, p. 642-667, 2020.

COMPUTADOR é o meio preferido para comprar pela internet. **Diário do Comércio**. 3 jul. 2018. Disponível em: <https://dcomercio.com.br/ categoria/tecnologia/computador-e-o-meio-preferido-para-comprar-pela-internet>. Acesso em: 24 jan. 2022.

CONSUMIDOR digital: gênero e faixa etária. **Cuponation**, 2018. Disponível em: <https://www.cuponation.com.br/insights/perfil-consumidor-online>. Acesso em: 24 jan. 2022.

DEUFEL, P.; KEMPER, J.; BRETTEl, M. Pay now or pay later: a cross-cultural perspective on online payments, **Journal of Electronic Commerce Research,** v. 20, n. 3, p. 141-154, Aug. 2019. Disponível em: <https:// www.proquest.com/openview/27335542687a40accccf5c765ef80913/1? pq-origsite=gscholar&cbl=44515>. Acesso em: 24 jan. 2022.

DINIZ, L. L. et al. O comércio eletrônico como ferramenta estratégica de vendas para empresas. In: ENCONTRO CIENTÍFICO E SIMPÓSIO DE EDUCAÇÃO UNISALESIANO, 3., 2011, Lins, SP. **Anais**... São Paulo: Unisalesiano, 2011. p. 1-13.

E-COMMERCE BRASIL. **Dicas para melhorar a experiência do seu consumidor na hora da compra**, 24 jul. 2020. Disponível em: <https://www. ecommercebrasil.com.br/noticias/melhorar-a-experiencia-da-compra/>. Acesso em: 28 out. 2021.

E-COMMERCE BRASIL. **E-commerce brasileiro sofre uma tentativa de fraude a cada cinco segundos**. 31 jan. 2018. Disponível em: <https:// www.ecommercebrasil.com.br/noticias/e-commerce-brasileiro-sofre-uma-tentativa-de-fraude-cada-cinco-segundos/>. Acesso em: 25 out. 2021.

ENTENDA as mudanças nos pagamentos via boleto registrado. **TrayCorp**, maio 2021. Disponível em: <https://www.traycorp.com.br/conteudo/pagamentos-via-boleto-registrado/>. Acesso em: 24 jan. 2022.

FERNANDES, M. E. **Negócios eletrônicos**. São Paulo: Pearson, 2016.

FILIPPE, M. Avanço de anos em meses: o consumo no e-commerce brasileiro. **Exame**, 11 set. 2020. Disponível em: <https://exame.com/negocios/avanco-de-anos-em-meses-o-consumo-no-e-commerce-brasileiro/>. Acesso em: 24 jan. 2022.

FREITAS, A. Código do Consumidor faz 25 anos; você lembra como era a vida antes dele? **Uol**, 2015. Disponível em: <https://economia.uol.com.br/noticias/redacao/2015/09/11/codigo-do-consumidor-faz-25-anos-voce-lembra-como-era-a-vida-antes-dele.htm>. Acesso em: 24 jan. 2022.

G1. **Metrô tem gôndola virtual de mercado que permite compra pelo celular**. São Paulo, 15 abr. 2015. Disponível em: <http://g1.globo.com/economia/negocios/noticia/2015/04/metro-tem-gondola-virtual-de-mercado-que-permite-compra-pelo-celular.html>. Acesso em: 24 jan. 2022.

GALINARI, R. et al. Comércio eletrônico, tecnologias móveis e mídias sociais no Brasil. **BNDES Setorial**, Rio de Janeiro, n. 41, p. 135-180, mar. 2015. Disponível em: <https://web.bndes.gov.br/bib/jspui/handle/1408/4285>. Acesso em: 24 jan. 2022.

GET PRIVACY. **10 bases legais da LGPD que justificam o tratamento de dados**: consentimento, legítimo interesse e mais. Disponível em:<https://getprivacy.com.br/entenda-as-bases-legais-da-lgpd/>. Acesso em: 24 jan. 2022.

GONÇALVES, G. S. Diferença entre selo estático e selo dinâmico. **Integrate Software & Technology**. 25 set. 2018. Disponível em: <http://blog.integrate.com.br/2018/09/diferenca-entre-selo-estatico-e-selo.html>. Acesso em: 24 jan. 2022.

GOUVEIA, L. B. Negócio electrónico – conceitos e perspectivas de desenvolvimento. **Sociedade Portuguesa de Inovação**, 2006. Disponível em: <https://spi.pt/documents/books/negocio_electronico/docs/Manual_I.pdf>. Acesso em: 24 jan. 2022.

GUEDES, C. Como a vitrine personalizada no e-commerce pode te ajudar a faturar mais. **Nação Digital**, 12 ago. 2019. Disponível em: <https://nacao.digital/blog/vitrine-personalizada-e-commerce/>. Acesso em: 24 jan. 2022.

ILHE, G. Segurança no e-commerce: 8 dicas para proteger a sua loja virtual. **E-commerceBrasil**, 5 fev. 2021. Disponível em: <https://www. ecommercebrasil.com.br/artigos/seguranca-no-e-commerce-8-dicas-para-proteger-a-sua-loja-virtual/>. Acesso em: 24 jan. 2022.

INVENTTI. Varejo digital: 5 tecnologias que vão transformar o setor. 26 abr. 2018. Disponível em: <https://inventti.com.br/varejo-digital/>. Acesso em: 24 jan. 2022.

KOTLER, P.; KARTAJAYA, H.; SETIAWAN, I. **Marketing 4.0**. Tradução de Ivo Korytowski. Rio de Janeiro: Sextante, 2017.

KOTLER, P.; KELLER, K. L. **Administração de marketing**. 14. ed. Tradução de Sônia Midori Yamamoto. São Paulo: Pearson Education do Brasil, 2012.

LIMA, B. de. Consultoria aponta o que os consumidores esperam das marcas online. **Consumidor Moderno**, 2021. Disponível em: <https:// www.consumidormoderno.com.br/2021/02/12/consultoriao-que-consumidores-esperam-marcas-online/>. Acesso em: 24 jan. 2022.

LOPEZ, B. A evolução do comportamento do consumidor de e-commerce no Brasil. **PagBrasil**, 2019. Disponível em: <https://www.pagbrasil.com/ pt-br/insights/comportamento-consumidor-de-e-commerce/>. Acesso em: 24 jan. 2022.

LOTUFO, L. O que devo saber sobre formas de pagamento no e-commerce. **E-commercebrasil**, 2017. Disponível em: <https://www.ecommerce brasil.com.br/artigos/preciso-saber-meios-pagamento-e-commerce/>. Acesso em: 24 jan. 2022.

MACHADO, M. D. dos S.; CRISPIM, S. F. Diferenças no composto varejista de lojas físicas e virtual da mesma rede. **RAC**, Rio de Janeiro, v. 21, n. 2, art. 4, p. 203-226, p. 204-226, mar./abr. 2017.

MAGAZINE LUIZA. **Lu explica**. Disponível em: <https://www.magazine luiza.com.br/portaldalu/>. Acesso em: 24 jan. 2022.

MASON. T.; KNIGTHS, M. **Omnichannel Retail**: How to Build Winning Stores in a Digital World. Kogan Page, 2019. e-book.

MENDES, R. Quem é o consumidor do e-commerce no Brasil? **Profissional de E-commerce**, 23 out. 2019. Disponível em: <https://www.profissional deecommerce.com.br/quem-e-o-consumidor-do-e-commerce-no-brasil/>. Acesso em: 24 jan. 2022.

MERCADO PAGO. Como os consumidores online preferem pagar por suas compras. **Conexão Mercado Pago**, 17 maio. 2021. Disponível em: <https://conteudo.mercadopago.com.br/como-os-consumidores-digitais-preferem-pagar-por-suas-compras>. Acesso em: 24 jan. 2022.

MOBILE TIME; OPINION BOX. **Panorama – Mensageria no Brasil**, ago. 2021. Disponível em: <https://www.mobiletime.com.br/pesquisas/mensageria-no-brasil-agosto-de-2021/>. Acesso em: 24 jan. 2022.

MONTESANTI, B. Com pandemia e 'revolução das fintechs', consumidores online devem crescer 25% no Brasil. **Estúdio Folha**, 2021. Disponível em: <https://www1.folha.uol.com.br/mercado/2020/12/com-pandemia-e-revolucao-das-fintechs-consumidores-online-devem-crescer-25-no-brasil.shtml>. Acesso em: 24 jan. 2022.

MORAES, T. Tendências do *e-commerce* para o varejista ficar de olho em 2021. **E-commerce Brasil**, 2021. Disponível em: <https://www.ecommercebrasil.com.br/artigos/tendencias-do-e-commerce-para-o-varejista-ficar-de-olho-em-2021/>. Acesso em: 24 jan. 2022.

MOREIRA, M. **O e-commerce e o controlo dos meios de pagamento Online: caso de estudo Sonae**. Engenharia de Controle e Automação da Universidade Federal de Santa Catarina, Florianópolis, 2020. Disponível em:<https://comum.rcaap.pt/handle/10400.26/33622>. Acesso em: 24 jan. 2022.

MURTELL, J. Anticipating the Future of Generational Insights. **American Marketing Association**. 23 jan. 2020a. Disponível em: <https://www.ama.org/marketing-news/anticipating-the-future-of-generational-insights/>. Acesso em: 24 jan. 2022.

MURTELL, J. Generational Insights and the Speed of Change. **Amercian Marketing Association**. 2 dez. 2020b. Disponível: <https://www.ama.org/marketing-news/generational-insights-and-the-speed-of-change/>. Acesso em: 24 jan. 2022.

OLIVEIRA, F. Os segredos da Lu do Magalu, primeira influenciadora virtual do Brasil. **#TMJ**. Disponível em: <https://tmjuntos.com.br/inovacao/o-que-esta-por-tras-da-lu-primeira-influenciadora-virtual-do-brasil/>. Acesso em: 24 jan. 2022.

O QUE É E-commerce (Comércio Eletrônico) e quais os direitos do consumidor? **Rosenbaum Advogados e Associados**, 2020. Disponível em: <https://www.rosenbaum.adv.br/o-que-e-e-commerce-comercio-eletronico-quais-os-direitos-do-consumidor>. Acesso em: 24 jan. 2022.

PARENTE, J. **Fatores críticos de sucesso no e-commerce**. 7 dez. 2012. Disponível em: <https://www.ecommercebrasil.com.br/artigos/fatores-criticos-de-sucesso-no-e-commerce/>. Acesso em: 24 jan. 2022.

PATEL, N. **E-commerce no Brasil em 2020**: entenda o cenário atual e tendências. 2020. Disponível em: <https://neilpatel.com/br/blog/e-commerce-no-brasil/>. Acesso em: 24 jan. 2022.

PAYPAL. Pesquisa: e-commerce brasileiro cresceu 37,5% em um ano, 2021. **PayPal Newsroom**, 4 jul. 2019. Disponível em: <https://newsroom.br.paypal-corp.com/Pesquisa-e-commerce-brasileiro-cresceu-37-5-em-um-ano >. Acesso em: 24 jan. 2022.

PROPMARK. **E-commerce enfrenta desconfiança do consumidor, diz Kantar**. 7 jan. 2021. Disponível em: <https://propmark.com.br/mercado/e-commerce-enfrenta-desconfianca-do-consumidor-diz-kantar/>. Acesso em: 24 jan. 2022.

RENKEL, G K. Os selos de segurança mais utilizados em e-commerce. **Semrush**. 17 abr. 2020. Disponível: https://pt.semrush.com/blog/selos-de-seguranca-mais-utilizados-em-e-commerce/. Acesso em: 24 jan. 2022.

ROGERS, D. L. **Transformação digital**: repensando o seu negócio para a era digital. São Paulo: Autêntica Business, 2017.

SALOMÃO, K. O comércio eletrônico mudou para sempre; veja as tendências mais importantes para 2021. **Exame**, 18 dez. 2020. Disponível em: <https://exame.com/negocios/o-comercio-eletronico-mudou-para-sempre-veja-as-tendencias-mais-importantes-para-2021/>. Acesso em: 24 jan. 2022.

SCHAPPO, V. Chatbot: o que é, quais são as suas as vantagens e como usar na sua empresa. **Resultados Digitais**, 27 out. 2018. Disponível em: <https://resultadosdigitais.com.br/blog/o-que-e-chatbot/>. Acesso em: 24 jan. 2022.

SEBRAE-BA. **Guia sobre marketplace**. 2019. Disponível em: <https://www.sebraeatende.com.br/system/files/guia_sobre_marketplace_0.pdf>. Acesso em: 24 jan. 2022.

SEBRAE-MS. **Varejo 4.0**: a reinvenção do varejo na era digital. 14 set. 2021. Disponível em: <https://www.sebrae.com.br/sites/PortalSebrae/ufs/ms/artigos/varejo-40-a-reinvencao-do-varejo-na-era-digital,4e89f67f364eb710Vg nVCM100000d701210aRCRD>. Acesso em: 24 jan. 2022.

SILVA, E. C. A. da; VITAL, T. O uso do comércio eletrônico no ramo de flores tropicais em Pernambuco. **Cadernos de Ciência & Tecnologia**, Brasília, v. 27, n. 1/3, p. 71-83, dez. 2010.

SILVA, J. P. P. Descubra como atualizar sua empresa para a era digital com o Marketing 4.0. **Ideal Marketing**, 27 abr. 2018. Disponível em: <https://www.idealmarketing.com.br/blog/marketing-4-0/>. Acesso em: 24 jan. 2022.

SINCLAIR, B. **IoT**: como usar a "internet das coisas" para alavancar seus negócios. São Paulo: Autêntica Business, 2018.

SIQUEIRA, O. N. et al. A (hiper) vulnerabilidade do consumidor no ciberespaço e as perspectivas da LGPD. **Revista Eletrônica Pesquiseduca**, v. 13, n. 29, p. 236-255, jan./abr. 2021. Disponível em:<https://periodicos.unisantos.br/pesquiseduca/article/view/1029/902>. Acesso em: 24 jan. 2022.

STEPHENS, D. **Resurrecting Retail**: the Future of Business in a Post-Pandemic World. Kindle Edition, 2021. Figure 1 Publishing, 2021.

TOLEDO, M. de L. Deep web e dark web: qual é a diferença e como acessar? **Tecmundo**, 15 fev. 2021. Disponível em: <https://www.tecmundo.com.br/internet/211075-deep-web-dark-web-diferenca-acessar.htm>. Acesso em: 24 jan. 2022.

TORRES, N. Principais fatores de sucesso para o varejo online. **E-commerce Brasil**, 11 dez. 2013. Disponível em: <https://issuu.com/ecommercebrasil/docs/principais_desafios_e_fatores_de_su?e=2527949/5936922>. Acesso em: 24 jan. 2022.

TUDO O que você precisa saber para engajar o novo perfil do consumidor. **Comércio em Ação**, 2 jul. 2019. Disponível em: <https://comercio emacao.cdlbh.com.br/perfil-consumidor/>. Acesso em: 24 jan. 2022.

TWITTER. **Tweet da Lu do Magalu.** 16 dez. 2020. Disponível em: <https://twitter.com/magazineluiza/status/1339269504556265472>. Acesso em: 24 jan. 2022.

WEBSHOPPERS 42ª EDIÇÃO | 2020. EBIT. Disponível em: <https://company.ebit.com.br/webshoppers/webshoppersfree>. Acesso em: 28 nov. 2021.

WOJDYNSKI, B. W.; EVANS, N. J. Going Native: Effects of Disclosure Position and Language on the Recognition and Evaluation of Online Native Advertising. **Journal of Advertising**, Mar. 2016. Disponível em: <https://www.researchgate.net/publication/287109935_Going_Native_Effects_of_Disclosure_Position_and_Language_on_the_Recognition_and_Evaluation_of_Online_Native_Advertising>. Acesso em: 24 jan. 2022.

sobre os autores

Elizeu Barroso Alves é doutor e mestre em Administração pelo Programa de Pós-Graduação em Administração da Universidade Positivo (PPGA-UP), vinculado à área de Organizações, Gestão e Sociedade e de estudos concentrados em Organização e Mudança. Cursou MBA em Gestão de Marketing e graduação em Administração no Centro Universitário Internacional Uninter. Atualmente, é professor e coordenador dos cursos superiores de tecnologia Gestão Comercial e Varejo Digital da Escola Superior de Gestão, Comunicação e Negócios (ESGCN) no Centro Universitário Internacional Uninter. Membro do grupo de trabalho de Sustentabilidade e dos grupos de pesquisa Práticas de Gestão em Contexto Organizacional e Cidades Educadoras, Inteligentes e Sustentáveis no Centro Universitário Internacional Uninter. Membro do Comitê de Governança Ecossistema de Inovação de Curitiba e RMC e da comunidade Inovadores & Inquietos. Parecerista do Guia da Faculdade, promovido pelo Quero Educação, em parceria com o jornal *O Estado de São Paulo*. Tem experiência na área de administração, interessando-se, sobretudo, em pesquisa científica e atuação profissional em racionalidades, empreendimentos de economia solidária, pragmática da linguagem, formação do egresso em administração, crimes corporativos, *accountability*, *compliance*, gestão pública, mercadologia e inovação nas organizações.

Shirlei Miranda Camargo é doutora em Administração pela Universidade Federal do Paraná (UFPR), com ênfase em Marketing Estratégico, mestre em Administração/Marketing pela mesma instituição e especialista em Administração/ Marketing pela Fae Business School, com graduação em Desenho Industrial Projeto do Produto pela Pontifícia Universidade Católica do Paraná (PUCPR). Participa como pesquisadora do grupo de pesquisa em Marketing Estratégico da UFPR. Atualmente, é professora e coordenadora-adjunta dos cursos de Administração da Escola Superior de Gestão, Comunicação e Negócios (ESGCN) no Centro Universitário Internacional Uninter. Tem interesse na área de administração e *marketing* nos seguintes temas: estratégia de *marketing*, varejo, supermercados, *layouts*, comportamento do consumidor e previsão de vendas.

Vívian Ariane Barausse de Moura é professora, pesquisadora e neuropsicopedagoga. Mestre e bacharel em Informática pela Universidade Federal do Paraná (UFPR) e pela Universidade Estadual de Ponta Grossa (UEPG), respectivamente, e graduada em Pedagogia pela UFPR. Atualmente, é professora dos cursos de graduação EaD e semipresenciais da Escola Superior de Gestão, Comunicação e Negócios (ESGCN) no Centro Universitário Internacional Uninter. Tem experiência em pesquisa nas áreas de ciência da computação e pedagogia, lecionando em cursos superiores da área, com desenvolvimento de materiais para cursos superiores EaD. Tem atuação direta no varejo em desenvolvimento de *software* com especificação da IHC (interação humano-computador).

Os papéis utilizados neste livro, certificados por instituições ambientais competentes, são recicláveis, provenientes de fontes renováveis e, portanto, um meio **respons**ável e natural de informação e conhecimento.

Impressão: Reproset
Março/2022